Mein Küchengarten

Obst, Gemüse, Kräuter frisch genießen

BRUNHILDE
BROSS-BURKHARDT

blv

Inhalt

Einführung

Mit dem Garten leben

Ein Stück Land zu besitzen und zu bewirtschaften ist ein Herzenswunsch vieler Menschen. Das Bedürfnis, nahe an der Natur zu sein, die Pflanzen beim Wachsen zu beobachten, sich zu freuen, wenn die Weintrauben und die Äpfel reifen. Es ist die geheime Sehnsucht nach dem Paradies, die sich so ausdrückt. Stellen Sie sich die Freude vor, wenn ein Kind die ersten Erdbeeren im Jahr naschen darf oder wenn endlich die ersten Tomaten rot werden. Das sind wunderbare Glücksmomente, die man sich nicht entgehen lassen darf. Auch als Erwachsener nicht.

Aus der üppigen Fülle der Natur schöpfen – ein Wunschtraum vieler Menschen, der sich jedoch leicht mit einem eigenen Garten erfüllen lässt.

Die Bedürfnisse wandeln sich

Im Laufe des Lebens wandeln sich die Bedürfnisse und die gärtnerischen Interessen. In jungen Jahren, wenn eine Familie zu versorgen ist, ist es wichtig, gesundes Gemüse und Obst zu ernten, von dem man weiß, dass es nicht mit Spritzmitteln traktiert worden ist. Lebensmittelskandale, die mit einiger Regelmäßigkeit passieren, und Krankheiten in der Familie wie Allergien bestärken viele Menschen in dem Wunsch, unbelastete Lebensmittel selbst anzubauen.

In reiferen Lebensjahren spielt die Ästhetik eine größere Rolle, und der Genuss rückt in den Mittelpunkt des Interesses. Wenn keine Kinder mehr im Haus sind, braucht man auch nicht mehr so viel Gemüse und Beerenobst anbauen. Die Freude an Blühendem, an Blütenformen und -farben und an Düften wird dann wichtiger. Vielleicht findet man auch Gefallen daran, mit neuen Pflanzenarten zu experimentieren.

Selbstversorgung aus dem Garten

Im eigenen Garten können Sie Obst und Gemüse nach Ihren eigenen Wünschen anbauen. Sie können die Arten und Sorten wählen, die Sie mögen und die für die Gesundheit besonders wertvoll sind. Statt des 08/15-Obstes, den 'Golden Delicious' und 'Jonathan' und wie sie alle heißen, die es im Supermarkt gibt, dürfen im eigenen Garten auch alte, vitaminreiche Apfelsorten wachsen. Sie können Ihre eigenen köstlichen Weintrauben frisch vom Spalier ernten sowie Stachelbeeren und Johannisbeeren für leckere Marmeladen und Gelees selbst pflücken.

Früher war es der Stolz jeder Hausfrau, den Vorratskeller voll gefüllt zu haben mit dem Konservierten aus dem Garten: mit Marmelade und Gelee, mit Saft, mit eingelegten Gurken, mit eingeweckten Kirschen oder Birnen … Zwischenzeitlich scheinen diese Künste und Fertigkeiten fast ganz verloren gegangen. Doch langsam keimt wieder das Interesse an dem Konservieren des selbst angebauten Obstes und Gemüses auf. Etwas selbst gemacht zu haben erfüllt so manchen Menschen wieder mit Stolz!

Für viele Menschen ist es auch heute noch wichtig, ihr eigenes Gemüse und Beerenobst heranzuziehen – auch in Zeiten, in denen alles günstig im Supermarkt zu kaufen ist. Um wie viel angenehmer ist es, einfach stressfrei in den Garten zu gehen und einen Salatkopf zu holen, als allein deswegen in den Supermarkt zu fahren. Sie sparen sich viele Wege und Fahrten mit dem Auto, wenn Sie Gemüse und Kräuter einfach aus dem Garten holen können.

Gesundes Obst und Gemüse selbst heranziehen

Das selbst angebaute Gemüse kann ohne Spritzmittel heranwachsen, die eventuell die Gesundheit beeinträchtigen. In Hausgärten sollten synthetische Spritzmittel tabu sein, vor allem dann, wenn Kinder im Garten spielen.

In manchen Jahren breiten sich jedoch Krankheiten wie die Kraut- und Braunfäule an Tomaten und Schädlinge wie die Blattläuse aus – bisweilen so stark, dass gar nichts mehr zum Ernten übrig bleibt. Besondere Wetter- und Klimabedingungen bewirken dies. Bis zu einem gewissen Grad kann man mit biologischen Methoden vorbeugen und gegensteuern. Unter Umständen bleibt jedoch nichts anderes übrig, als mit zugelassenen, umweltschonenden Mitteln dagegen vorzugehen.

Natürlich brauchen Sie nicht zusehen, wie die Nacktschnecken Ihren Salat abraspeln. Dagegen können Sie selbstverständlich etwas tun. Bei anderen Schädlingen wie den Blattläusen ist es am besten, einfach Geduld zu haben. Wenn die über junge Triebe herfallen, brauchen Sie nicht gleich zur Giftspritze zu greifen. Warten Sie der Umwelt zuliebe einfach etwas ab; nach ein paar Tagen oder Wochen kommen nützliche Gegenspieler – Florfliegen und Marienkäfer – und räumen bei den Schädlingen auf. Oft hilft es auch, stark befallene Triebe einfach abzuschneiden. Bei den Pilzkrankheiten hilft Abwarten meistens nicht. Wenn Mehltau oder Kraut- und Braunfäule sich einmal ausgebreitet haben, ist fast nichts mehr zu machen. Dagegen kann man sich allenfalls für die nächsten Jahre wappnen.

In guten Jahren liefert der eigene Garten eine reiche Ernte an frischem Gemüse, Kräutern und Obst – fast wie im Schlaraffenland.

Ein Garten tut Körper und Seele gut

Für viele Menschen zählt Gartenarbeit zum persönlichen Fitnessprogramm. Die abwechslungsreiche körperliche Arbeit hält den Körper bis ins hohe Alter gelenkig. Achten Sie aber darauf, sich rückenschonend zu bücken und richtig zu heben. Und schützen Sie sich vor zu intensiver Sonneneinstrahlung. Ein Sonnenhut ist ein höchst sinnvolles Kleidungsstück bei der Gartenarbeit. Das Draußensein stärkt auf jeden Fall die Abwehrkräfte.

Die Arbeit im Garten wirkt sich jedoch nicht nur auf den Körper positiv aus, sondern auch auf das Seelenleben.

Bei der Ernte von Minze, Melisse und Thymian schwelgt die Gärtnerin in Düften.

Man kann den günstigen Einfluss, den das Gärtnern auf die Seele hat, nicht hoch genug einschätzen. Es ist die grüne Umgebung mit dem Blattwerk der Büsche und Bäume, die Ruhe ausstrahlt. Die Blütenfarben wirken ebenfalls auf den Gemütszustand. Gelbe Sonnenblumen stimmen fröhlich, rosafarbene Rosen wecken romantische Gefühle, die Farbe Weiß vermittelt Kühle und zurückhaltende Eleganz.

Für viele bietet der Garten einen Ausgleich zu einem anstrengenden Beruf. Die Besitzer dürfen ihren Garten als ihr ureigenes Betätigungsfeld betrachten. Das Gartenreich ist ein Schutzraum, ein Rückzugsraum. Hier ist man vor den Widerwärtigkeiten des Lebens und vor Anfeindungen von Mitmenschen sicher. Die Schönheit der Pflanzen und ihre Düfte entführen oft in eine andere Welt und lassen das Unangenehme vergessen.

Experimentierfreude gehört dazu

Zum Gärtnern gehört auch das Experimentieren. Wer schon Erfahrungen mit dieser oder jener Kultur gesammelt hat, wird sich auch einmal an Ungewöhnliches wagen und ausgefallen geformte oder gefärbte Tomaten kultivieren, die nicht im Supermarkt und auch nicht auf dem Wochenmarkt zu bekommen sind, oder eine aromatische Minze oder Zitronenverbene für köstlichen Tee. In Ihrem Garten haben Sie die Möglichkeit, alles auszuprobieren; niemand redet Ihnen hier drein. Sie müssen keine Supererträge erzielen, stehen nicht unter dem Erfolgsdruck wie im professionellen Land- und Gartenbau. Ein Privileg, das sich kein Gartenbesitzer nehmen lassen sollte. Es macht nichts, wenn der Ertrag mal mager ausfällt. Wenn eine Kultur gelingt und Sie besonders viele Tomaten oder Erdbeeren ernten, dürfen Sie aber ruhig ein wenig stolz sein. Es kann der Anlass sein, zu einem Festmahl einzuladen oder zu einer kleinen, privaten Verkostung.

Und warum sollte man nicht einmal einen Versuch mit Kiwi an der Hauswand oder mit einer Kulturheidelbeere im Topf wagen? Nützliches darf durchaus dekorativ sein.

Selbstverständlich muss das selbst angebaute Gemüse und Obst auch verwertet und für den Winter haltbar gemacht werden. Da duftet es dann im Haus aromatisch nach getrockneten Kräutern und herb-fruchtig nach Quittensaft und Quittenmus. Traditionelle Konservierungstechniken wie Trocknen, Entsaften, Eindünsten, Einsalzen und milchsauer Einlegen kommen derzeit zu neuen Ehren.

Saatgut und Pflanzen der besonderen Arten und Sorten, die zum Experimentieren im Garten und in der Küche anregen, sind selten im normalen Fachhandel erhältlich. Fündig wird man bei Spezialgärtnereien und privaten Anbietern im Internet. Gartenbesitzer vermehren die kultivierten Gemüse und Kräuter oft selbst, indem sie Samen sammeln oder Pflanzen teilen bzw. Stecklinge machen.

Erlebnisraum für Kinder

Als Erwachsener nimmt man die natürlichen Dinge oft als gegeben hin und macht sich gar keine Gedanken über das Wunder der Schöpfung. Kinder sind da noch spontaner. Sie können stundenlang einem Käfer zuschauen oder darauf warten, dass Regenwürmer aus dem Boden kommen … Kinder lernen, ohne Scheu Regenwürmer oder Käfer in die Hand zu nehmen, wenn die Erwachsenen ihnen das zeigen. Sie lernen, aufmerksam Raupen anzuschauen, ohne gleich draufzuhauen. Der Garten bietet so viele Beobachtungsobjekte: die Nacktschnecken und die Häuslesschnecken, die Regenwürmer, die Laufkäfer, die Ameisen, Blindschleichen im Kompost, die Schmetterlinge, Igel, die ein Winterquartier suchen … Besonders hübsch anzuschauen sind im Hochsommer die Taubenschwänzchen, kolibriartige Schmetterlinge, die beim Nektarsammeln Blüten umschwirren. Vielleicht erwacht in den Kindern ein Interesse an der Biologie. Über die Tiere bekommen die Kinder oft leichter einen Zugang zur Natur als über Pflanzen. Doch vielleicht erwacht ganz von allein auch das Interesse an der bunten Pflanzenwelt.

Selbst wenn aus diesem Spieltrieb und der Naturbeobachtung im Garten keine Gärtnerleidenschaft entsteht, bleiben diese Begegnungen mit der Natur Erlebnisse, die Menschen für das weitere Leben prägen und ihre Verhaltensweisen bestimmen. Kinder lernen, die Natur zu respektieren. Denn erfahrungsgemäß schätzen und schützen die Menschen nur das, was sie kennen. Im Garten können sie den Jahreslauf, die Rhythmen in der Natur unmittelbar erleben.

■ Ein beliebtes Sammelobjekt bei Balkongärtnern: Basilikum. Das einjährige Würzkraut lässt sich gut in Töpfen kultivieren.

■ Kinder auf Entdeckungstour: Schnittlauch schmecken, Regenwürmer anfassen, Schmetterlinge beobachten, sich auf die Lauer legen, bis der Marienkäfer eine Blattlaus schnappt …

Planung & Anlage

Den Küchengarten planen

In historischen Schlossgärten oder Abteigärten findet sich oft ein so genannter Küchengarten oder ein Obstgarten. Die herrschaftlichen Gärtner kultivierten hier Gemüse, Kräuter und Obst für die adeligen oder klösterlichen Haushalte. Ein bekanntes Beispiel ist der Schlosspark in Villandry an der Loire in Frankreich. In Deutschland gibt es ebenfalls einige sehenswerte historische Küchen- und Obstgärten, beispielsweise in Seligenstadt am Main oder in Veitshöchheim. Ein »Küchengarten« der heutigen Zeit fällt natürlich sehr viel schlichter aus. Es fehlt am Platz und am nötigen Personal für die aufwändige Pflege. Doch auch auf kleiner Fläche lässt sich sehr viel Nützliches heranziehen.

So präsentiert sich der berühmte Küchengarten in Villandry: Gemüse, Blumen und Kräuter zwischen Buchshecken in Szene gesetzt!

Gärten unterscheiden sich in der Größe, im Geländezuschnitt und im Gefälle. All diesen Eigenschaften muss man beim Planen des Nutzgartens beziehungsweise des Küchengartens natürlich Rechnung tragen.

Schon von einer relativ kleinen Grundfläche lässt sich viel ernten. Wenn Sie es geschickt anstellen, können Sie sich über viele Monate hinweg selbst mit dem Nötigen versorgen. Schon wenige Quadratmeter reichen aus, um das ganze Jahr über frischen Salat und ein wenig Feingemüse ernten zu können. Noch mehr können Sie herausholen, wenn Sie ein Frühbeet besitzen oder ein Kleingewächshaus. Für eine weitgehende **Selbstversorgung** auch mit Beerenobst rechnet man pro Person etwa 20–25 Quadratmeter.

Pläne zeichnen

Wenn Sie ein Haus neu bauen, haben Sie die Möglichkeit, den Küchengarten in günstiger Position zum Haus einzuplanen. Der Nutzgarten sollte von der Küche aus gut erreichbar ist, damit Gemüse und Kräuter zum Kochen schnell bei der Hand sind. Besprechen Sie Ihre Wünsche schon in der Anfangsphase der Planung mit Ihrem Architekten. Es ist sehr hilfreich, wenn Sie auf einem Stück kariertem Papier selbst Pläne zeichnen, um der besten Lösung nahe zu kommen.

Der Küchengarten verdient einen Vorzugsplatz im Garten – vorausgesetzt, es ist Ihnen wichtig, frisches Gemüse direkt aus dem Garten holen zu können. Ein gut befestigter Weg, den man bei Regen und bei Schnee betreten kann, sollte vom Haus dorthin führen.

Das Gelände in Form bringen

Stellen wir uns vor: Das Haus ist fertig, doch das Grundstück liegt noch nackt da. Disteln und Melde fangen an die aufgeschütteten Erdhaufen zu überwuchern. Das Gelände wartet darauf, in Form gebracht zu werden. Jedes Hausgrundstück verlangt nach anderen Lösungen.

Da gibt es ebene Grundstücke, auf denen kaum **Erdarbeiten** nötig sind, und da gibt es mehr oder weniger abfallende Grundstücke. Hanglage sichert zwar meistens eine gute Aussicht, erfordert aber andererseits mehr Aufwand für die Erdarbeiten und für die **Terrassierung**. Bei einer sanften Hanglage kann man oft die natürliche Geländeform beibehalten oder braucht das Erdreich nur leicht modellieren und niedrige **Stützmauern** einziehen, sodass gut nutzbare ebene Flächen entstehen. Stark abfallendes Gelände muss mit Mauern abgefangen werden.

Sonnige Lage wählen

Wählen Sie fürs Gemüse und für die anderen nützlichen Gewächse einen sonnigen Platz. Im Schatten und Halbschatten wächst Gemüse nicht gut, Kopfsalat wird flatterig, Thymian entwickelt kein Aroma, Beeren und andere Früchte bleiben sauer. Für schattige Plätze gibt es genügend Ziergewächse – Stauden und Sträucher. Wer auf schmackhaften eigenen Salat, auf Erbsen und Tomaten Wert legt, sollte den Garten also ums Gemüse herum planen.

Die alten Bauerngärten zeigen, wie es geht. Die Bäuerinnen haben ihr Gemüsegärtchen oft etwas entfernt vom Haus angelegt, sodass das Haus die wertvolle Nutzfläche nicht beschattet. Aus dem gleichen Grund gab und gibt es in diesen traditionellen Gärten keine Schatten werfenden Bäume und Sträucher. Die Bäuerinnen mussten möglichst viel aus den Gärten herausholen, um die Familie versorgen zu können.

Schattenwurf beachten

Eine gute Besonnung des Gemüsegartens ist also das A und O bei der Planung. Wenn's irgend geht, sollten die Gemüsebeete auf der Südseite oder an einer Südwest- oder Südostecke des Hauses liegen. Pflanzen Sie keine größeren Obstbäume oder hohen Ziersträucher in die Nähe. Am Anfang sehen die Gehölze sehr klein aus; man ahnt nicht, welche Größe sie einmal erreichen können. Halten Sie auch Abstand zu Begrenzungshecken. Und pflanzen Sie selbst Ihre Bäume und Sträucher auch so, dass Nachbargärten nicht zu sehr von Schattenwurf beeinträchtigt werden.

Auch bei der Ausrichtung der Gemüsebeete kann die Besonnung eine Rolle spielen. Am günstigsten ist es, wenn die Gemüsereihen in Nord-Süd-Richtung verlaufen.

■ **Ein Nutzgarten, in dem Gemüse und Kräuter gut gedeihen und volles Aroma entwickeln sollen, muss so sonnig wie möglich liegen.**

Sicht- und Windschutz nach außen

Einige Überlegung verlangt auch die Abgrenzung des Grundstücks nach außen. Bei Nutzgärten ist eine Einfriedigung mit **Hecke** oder **Zaun** nötig, schließlich sollen weder Hunde noch andere Tiere ungehindert in den Garten gelangen können. Hecken und Zäune sind aus diesem Grund nützlich, sie bieten bei genügender Höhe außerdem willkommenen Sicht- und Windschutz.

Bei großen Gärten ist die Eingrenzung mit einer frei wachsenden **Blütenhecke** oder einer **hohen Formschnitthecke** vorzugsweise aus Liguster oder Hainbuche ideal. Nachteile einer hohen Hecke sind der Schattenwurf und der hohe Pflegeaufwand fürs Schneiden und Auslichten.

Für kleine Gärten und wenn wenig Zeit für die Gartenpflege verfügbar ist, sind niedrige Hecken (siehe Seite 24) und **Zäune** besser. Da haben Gartenbesitzer die Wahl zwischen **Lattenzäunen**, **Maschendrahtzäunen** und **Metallgitterzäunen**. Diese lassen jeweils noch Ein- und Ausblicke zu und etwas Wind kann auch noch hindurchstreichen. Lattenzäune aus möglichst verrottungsstabilem Holz wirken natürlich und traditionell; Maschendrahtzäune sind günstig und ohne großen Aufwand anzubringen. In jedem Fall sieht es gut aus, wenn Kletterpflanzen die Zäune umspielen.

Eine völlige Abgrenzung des Grundstücks ermöglichen **Sichtschutzwände** aus hölzernen Konstruktionen, mit Borken- bzw. Schilfmatten oder neuerdings mit Gabionen (hohe Metallgitterkonstruktionen, gefüllt mit Schotter oder Kieselsteinen).

Mauern und Terrassen

Gemüse lässt sich am besten auf ebenem oder allenfalls leicht geneigtem Gelände anbauen. Auf ebenem Gelände kann man problemlos gehen. Ebenes Gelände ist auch deshalb wichtig, weil so das Wasser besser im Boden versickert und nicht in Rinnsalen herabfließt. Bei abfallendem Gelände kommt man deshalb nicht umhin, zu terrassieren. Mit Hilfe

Niedrige Mauern aus Natursteinen oder Beton-Fertigteilen fangen kleinere Gefälle auf und sehen dekorativ aus.

Holzpalisaden wirken natürlich und rustikal. Sie eignen sich jedoch nur für nicht allzu steiles Gelände.

des Terrassenbaus kann man sogar Nordhänge noch für den Gemüseanbau nutzbar machen. Bei leichten, sandigen Böden ist die Geländemodellierung am einfachsten. Auf felsigem Grund und an steilen Hanggrundstücken ist das Terrassieren mit Hilfe von Stützmauern schweißtreibende Schwerarbeit. In den allermeisten Fällen muss man nach einem Hausbau zudem gute Humuserde aufbringen, damit Gartenpflanzen überhaupt wachsen können.

Niedrige Stützmauern

In vielen Gartensituationen ist es sinnvoll und nötig, das Gelände leicht mit Hilfe von niedrigen Mauern aus Beton oder Naturstein zu terrassieren. Gartenbesitzer können solche Mäuerchen selbst errichten. Etwas Körperkraft und Geschick sind jedoch durchaus vonnöten, um die Steinbrocken an die richtige Stelle zu hieven.

Statt der schweren und unhandlichen Natursteine bieten sich auch Beton-Fertigteile zur Böschungssicherung an. Die Betonsteinindustrie stellt ein großes Sortiment an Steinen her. Seit Jahrzehnten gebräuchlich sind die so genannten U-Steine aus grauem Beton. Diese unaufdringlichen Steine gefallen auch noch nach Jahrzehnten und können immer wieder neu bepflanzt werden.

Ähnlich schlicht wirken L-Winkel-Steine. Seit Jahren ist eine neue Generation von Stützelementen auf dem Markt: Betontöpfe, die neben- und übereinander geschichtet werden können und deren Hohlräume mit Erde aufgefüllt werden. Solche Beton-Stützelemente lassen sich einfach aufsetzen, gestalterisch sind sie jedoch schwer zu handhaben – sie passen keineswegs überall hin, wo Böschungen abzufangen sind. Am besten ist es, wenn sie nach und nach unter einer grünen Pflanzendecke verschwinden.

Eine hübsche, natürlich aussehende Variante gerade im Gemüsegarten sind **Holzpalisaden** – senkrecht im Boden verankerte kesseldruckimprägnierte Rundhölzer.

Stützmauern für steiles Gelände

Auf sehr steilen Grundstücken kommt man meist um den Bau höherer Stützmauern nicht herum, auch wenn das eine teure Angelegenheit ist. Nur mit Hilfe dieser Stützmauern entstehen ebene Flächen, die sich für den Anbau der Gartenkulturen und zum Wohnen nutzen lassen. Solche Stützmauern, die starkem Erddruck ausgesetzt sind, muss der Fachmann bauen.

Am schönsten, aber auch am teuersten, sind trocken aufgesetzte **Natursteinmauern** aus Muschelkalk- oder Sandsteinen. Es gibt übrigens auch industriell hergestellte Mauersteine mit natursteinähnlicher Optik, die sich wie Trockenmauern aufsetzen oder mit Mörtel verfugen lassen. Sehr oft findet man hinterbetonierte Stützmauern, bei denen der Beton die Stützfunktion übernimmt und Mauersteine nur als Verblendsteine vorgesetzt werden.

Auf süd- oder südwestexponierten, warmen und windgeschützten Terrassen gedeihen Weinreben, Beerenstöcke sowie Wärme liebende Gemüse wie Tomaten und Paprika sehr gut. Terrassenbau ist eine uralte Kulturtechnik. Auf der ganzen Welt machen sich Gärtner und Landwirte auf diese Weise schwieriges Gelände und Land in kühlen Klimaregionen und im Gebirge für Ackerbau und Obstbau nutzbar.

Vom Fachmann aufgesetzte Trockenmauern terrassieren das steil abfallende Gelände – so wie im Weinberg.

Die kreuzförmige Wegestruktur teilt die Gartenfläche in vier fast gleich große Beete auf.

Wege erschließen den Garten, sodass Blumenrabatten und Gemüsebeete gut zugänglich sind.

Ein praktischer Wegebelag im Nutzgarten ist Rindenmulch. Das Material kostet wenig, unterdrückt Unkraut und lässt Wasser gut durchsickern.

Wege gliedern den Garten

Wege bilden das Grundgerüst in einem Garten. Sie erschließen das Gelände rund ums Haus und ermöglichen das Begehen bei jedem Wetter. Je nach Gelände und Nutzungszweck bieten sich geschwungene oder geradlinige Wegeverläufe an. Bei Gartenneuanlagen ist es sinnvoll, erst einmal Trampelpfade zuzulassen, die zeigen, wo Wegeverbindungen nötig sind, und diese erst etwas später richtig zu befestigen.

Materialien für Wege

Die Beläge können aus Kies, Splitt oder Schotter, aus Platten oder Pflastersteinen oder aus Kombinationen der Genannten bestehen. Für naturnah gestaltete Gärten oder Nutzgärten eignen sich Wege aus Holzpflaster oder Rindenmaterial. Sie passen sich am ehesten den Geländeformen an. Im einfachsten Fall besteht der Weg aus festgetretener Erde. Sinnvoll ist es Materialien zu wählen, die leicht erhältlich sind, vielleicht sogar auf eigenen Grundstücken anfallen, wie z.B. Nadelholzrinde oder Holzhäcksel. Welcher Belag gewählt wird, hängt auch von der Funktion des Weges ab; der Weg zum Haus kann durchaus etwas repräsentativer sein als das Wegenetz im Nutzgarten oder der Pfad zum Komposthaufen oder Holzschuppen. Ein wichtiges Kriterium für die Wahl des Belags ist sicher auch, ob man selbst den Weg bauen will oder ihn vom Landschaftsgärtner legen lässt.

Einfache Wege aus Erde und Rinde

In den allermeisten Fällen genügen einfache Wege ohne Unterbau. In älteren, jahrzehntelang bewirtschafteten Nutzgärten bestehen Wege oft aus festgetretener Erde. Wenn solche Wege regelmäßig begangen werden, hält sich der Unkrautbesatz in Grenzen; lediglich die **Einjährige Rispe** *(Poa annua)* breitet sich auf dem verfestigten Untergrund aus. Sinnvoll ist es bei solchen Wegen auch, die Gemüsebeete mit Randsteinen aus Naturstein oder Beton einzufassen.

Seit einiger Zeit ist Rindenmaterial als Wegebelag sehr beliebt. Verständlicherweise, denn auf Rinde lässt sich federnden Schrittes gehen, die Schuhe bleiben sauber, und – ein überzeugendes Argument – Rinde unterdrückt das Unkraut, vorausgesetzt, sie ist dick genug (mindestens 5 cm, besser bis zu 20 cm hoch) aufgeschüttet. Verwendet werden kann

Auf eingeschotterten Wegen versickert das Wasser gut und Unkraut kann kaum aufkommen.

Dieser zeitlos erscheinende und praktische Wegebelag besteht aus viereckigen Betonplatten.

Nadelholzrinde aus dem Wald, grober **Rindenmulch** aus dem Handel oder gehäckseltes Holz. Ein Nachteil der Rinde sei allerdings nicht verschwiegen: Sie enthält **Gerbstoffe**, die den Pflanzen in der Nachbarschaft schaden. Es empfiehlt sich also, beim Säen und Pflanzen Abstand zu den empfindlichen Gemüsen und Kräutern nebendran zu halten. Nach und nach verrottet die Rinde, Unkraut siedelt sich an bzw. von unten dringen **Ackerwinden** oder **Quecken** durch; dann muss neues Material aufgeschüttet werden. Manche Gartenbesitzer legen als **Unkrautsperre** Pappe auf den Weg und kaschieren sie mit einer dünnen Lage **Rindenmulch** – optisch ansprechend und preiswerter als eine dicke Schicht Rindenmaterial aus dem Handel. Garten- und Landschaftsbauer verwenden auch spezielles wasserdurchlässiges schwarzes **Vlies** zum Unterdrücken des Unkrauts.

Wege mit Kies und Splitt

Einen natürlichen Charakter haben Wege oder Flächen mit Kies- oder Splittbelag. Bei ihnen versickert das Wasser problemlos im Untergrund. Solche Wege anzulegen erfordert etwas mehr Aufwand als das einfache Aufschütten von Rindenmulch. Für sie muss der Untergrund etwa 20 cm tief ausgekoffert werden. Der spätere Wegeverlauf wird mit Schnur markiert, sodass gerade Linien entstehen. Grober Schotter bildet den Unterbau, darüber folgt etwa 3 cm hoch der feinere Kies oder Splitt. Das Material ist meistens nicht vorhanden, sondern muss angeliefert werden. Bei solchen Wegen ist eine Einfassung aus Pflastersteinen oder aus Bandstahl unbedingt nötig. Sonst wandert Kies oder Splitt in die angrenzenden Beete ein, was nicht erwünscht ist. Nach meiner Erfahrung sind Kieswege im Gemüsegarten nicht ideal, vor allem bei schwerem Boden nicht, weil die Kieselsteine sich an erdige Schuhe hängen.

Platten- und Pflasterwege

Wege, die unmittelbar ums Haus herum oder die von der Straße zum Haus führen, sollen bei jedem Wetter gut begehbar sein. Hier sind Beläge aus Platten oder Pflastersteinen sinnvoll. Solche Wege anzulegen erfordert Körperkraft und handwerkliche Fertigkeiten. Es kann sinnvoll sein, einen Garten- und Landschaftsbauer mit dem Wegebau zu beauftragen. Für handwerklich perfekte Platten- oder Pflasterwege wird der Untergrund ebenfalls mindestens 20 cm tief ausgekoffert. Als Unterbau (Tragschicht) wird 15–20 cm hoch grobes Steinmaterial – Kies oder Schotter, je nach örtlichen Liefermöglichkeiten – eingefüllt. Darüber kommt etwa 5 cm hoch (etwas mehr als Plattenhöhe) Sand. Die Sandschicht wird mit einer Maurerkelle eben gezogen und darauf werden dann die Platten oder Pflastersteine mit ein paar Millimeter Fugenabstand verlegt. Als Hilfsmittel zum Festklopfen dient ein Betonhammer. Wasserwaage und Setzlatte sollte man beim Verlegen ebenfalls zu Hilfe nehmen. Wege direkt am Haus sollten ein kleines Gefälle vom Haus weg aufweisen, sodass das Regenwasser gut ablaufen kann. Auf keinen Fall dürfen Stolperstellen entstehen.

Zum Schluss wird Sand auf die Fläche geschüttet und in die Fugen gekehrt. Da sich der Sand noch setzt, muss man diese Prozedur des Sandeinkehrens mehrmals wiederholen. Wenn sich der Weg später noch setzt, lassen sich die Unebenheiten unter den Platten leicht mit Sand ausgleichen. Einen natürlichen Charakter bekommt man, wenn man in die Fugen Gras einsät.

Ganz wichtig ist die **Randbegrenzung** mit Pflastersteinen oder mit Betonplatten. Bei angrenzenden Rasenflächen sollten die Begrenzungssteine in gleicher Höhe verlegt werden, damit man mit dem Rasenmäher darüberfahren kann.

Gelegentlich wird statt Steinpflaster auch **Holzpflaster** (aus Kesseldruck imprägniertem Holz) als Wegebelag verwendet. Die Verlegeweise ist identisch wie beim Stein. Holzpflaster sieht hübsch aus, allerdings besteht bei Nässe Rutschgefahr!

Holzdielen machen die Beete zugänglich. Die Schuhe bleiben sauber und der Boden wird geschont!

Ein lebendes Polster aus Römischer Kamille bildet den Übergang vom Beet zum Weg.

Als Wegebelag völlig ungeeignet sind **Rasengittersteine**. Sie eignen sich nur für Stellplätze und Garagenzufahrten.

Schrittplatten

Bei wenig begangenen Pfaden in abgelegenen Gartenteilen oder bei Pfaden durch den Rasen bietet es sich an, Schrittplatten zu verlegen. Das kann auch in größeren Kräuterbeeten nötig sein. Die Platten werden in einem Sandbett so verlegt, dass sie ebenerdig abschließen und man mit dem Rasenmäher problemlos darüberfahren kann.

Teppichpflanzen lockern auf

Pflaster braucht nicht durchgehend verlegt sein. Sehr hübsch sieht es aus, wenn bodendeckende Pflanzen in den Zwischenräumen wachsen. Es gibt einige niedrige Pflanzen für solche Teppichbeete, allen voran der **Feldthymian** oder **Quendel** *(Thymus serpyllum)* sowie andere niedrige ThymianArten wie *Thymus praecox*. Von ihm gibt es viele in allen Blauviolett-tönen, weiß und rötlich blühende Sorten. Quendel bleibt sehr niedrig, sodass er beim Gehen kein Hindernis bietet. Infrage kommt auch die **Römische Kamille** *(Chamaemelum nobile)*, zum Beispiel mit der hübschen gefüllten Sorte 'Plena'. Frisch gepflanzt sehen solche lebenden Polster ganz bezaubernd aus. Es erweist sich jedoch bald, dass diese Pflanzungen sehr viel Pflege brauchen, wenn sich Wildkräuter dazwischen ansiedeln.

Beton oder Naturstein?

Ob man sich für **Platten** oder **Pflastersteine** aus Beton oder aus Naturstein entscheidet, ist meistens eine Frage des Geldes. Natursteine sehen zwar sehr schön aus, sind aber im Regelfall deutlich teurer als Betonsteine. Oft handhaben es die Wegebauer so, dass sie auf dem größten Teil der Fläche Betonsteine verlegen und Pflastersteine aus Granit, Basalt oder Porphyr, gelegentlich auch Sandstein oder Muschelkalk als Bänderung einbringen. So entsteht ein hübscher gestalterischer Akzent. Natursteine dienen oft auch als Begrenzung zur angrenzenden Beetfläche hin.

Die Baustoffindustrie bietet ein riesig großes Sortiment an Platten und Pflastersteinen aus Beton an, in allen möglichen Größen und Einfärbungen, ebenmäßig geformt oder mit gebrochenen Kanten.

Für sehr wichtig halte ich es, dass man sich auf wenige Materialien beschränkt. Die befestigten Flächen rund ums Haus müssen wie aus einem Guss wirken und die verwendeten Steine die Färbung des Hauses oder der Umgebung aufnehmen. Rote Sandsteine oder rot eingefärbte Betonsteine wirken in Gegenden, in denen heller Kalkstein ansteht, deplatziert, und umgekehrt ist es genauso.

Für den Nutzgarten sind schlichte Wegebeläge aus Betonplatten am besten geeignet. Sie fügen sich unauffällig in die Gartenumgebung ein, man kann gut und sicher auf ihnen gehen und sie lassen sich sauber halten. Die Platten sollten bündig mit der Erdoberfläche verlegt sein. Dazu das Erdreich der Plattenstärke entsprechend einige Zentimeter tief auskoffern und einen Unterbau aus Sand oder Splitt aufbringen. Für den Wegebau am besten einen Fachmann engagieren.

In kleinen Gärten muss man mit der Perspektive arbeiten. Eine witzige Gestaltungsmöglichkeit sind schräg zum Weg verlaufende Gemüsereihen.

Beetbegrenzungen – nützlich und schön

Der Küchengarten auf einem Hausgrundstück ist ein »Garten im Garten«. Es muss also keine aufwändige Einzäunung gebaut werden. Das ist auch gar nicht sinnvoll, da die Nutzpflanzen viel Licht brauchen und sowieso oft nicht viel Platz zur Verfügung steht. Einfassungen sind sinnvoll, um die Beetfläche vom Rasen oder von der Wiese abzugrenzen, sodass das Gras nicht so leicht in die Beetfläche vordringt. Einen gewissen Schutz bieten Einfassungen auch vor Schnecken, besonders die so genannten Schneckenzäune. Auf leicht abschüssigem Gelände stützen Einfassungen das Erdreich auch effektiv ab. Am wichtigsten sind die Beetbegrenzungen jedoch als gestalterisches Element.

■ Senkrecht in den Boden eingelassene Betonplatten oder Holzbretter sind eine Platz sparende Möglichkeit, die Beete wirkungsvoll einzufassen.

■ In Norddeutschland verwendet man gerne Ziegelsteine zum Einfassen der Beete.

Rasenkanten

Wenn die Gemüsebeete direkt an den Rasen oder die Wiese grenzen, muss man ein paar Mal im Jahr abstechen, um zu verhindern, dass sich Gras und Klee nach und nach in die Beetfläche hinein ausbreiten.

Eine Alternative bieten senkrecht in den Boden eingebrachte Profile, die ebenerdig abschließen. Diese Rasenbegrenzungen können aus verzinktem Stahlblech oder aus Edelstahl bestehen. Eine besonders elegante, unauffällige Lösung ist das Einbauen eines stabilen Vliesmaterials, das sich sogar mit der Schere zuschneiden lässt.

Einfassungen mit Steinen und Holz

Da gibt es unzählige Möglichkeiten: Hochkant gestellte Natursteine, Beton-Randsteine, Ziegelsteine, sogar Dachziegel können dazu dienen, die Erde auf der Beetfläche zu halten. Eine echte Kuriosität sind Weinflaschen. Wichtig ist, dass die Steine tief genug im Boden stecken (über die Hälfte der Höhe), sodass sie nicht zur Seite gedrückt werden. Holz bietet sich ebenfalls an. Es wird allerdings im Laufe der Zeit verrotten, ist also nicht für die Ewigkeit gedacht. Am ehesten trotzen noch Eichen-, Robinien- und Lärchenholz der Witterung, sie sind aber teurer als die besser verfügbaren **Nadelhölzer**. Diese können jedoch bei einem jungen Garten sinnvoll sein, der noch nicht fertig angelegt ist. Eine solche Einfassung aus Holz kann angestrichen sehr hübsch aussehen.

Einfassung mit Schneckenzaun

Bei feuchtem Wetter kriechen die Schleimtiere fast unweigerlich heran, vor allem, wenn der Küchengarten an eine Wiese oder einen Heckenstreifen grenzt. Ein Schneckenzaun bietet sehr wirkungsvollen Schutz, vorausgesetzt, er ist absolut dicht und die Beetfläche war vorher frei von Schnecken. Seit Jahrzehnten bewährt sich ein Schneckenzaun aus verzinktem Eisenblech, bei dem das Blech nach außen wie bei einer 1 umgebogen ist. Diese Biegung bildet eine nahezu unüberwindbare Barriere für die Tiere. Andere Schneckenzaunmodelle bestehen aus Kunststoff oder Metallgitter. Auch bei Schneckenzäunen ist es wichtig, dass sie tief im Boden stecken, um nicht umzukippen bzw. um zu verhindern, dass die Tiere im Erdreich unter dem Profil hindurchkriechen.

Niedrige Lattenzäune

Auf kleinen Hausgrundstücken sind Lattenzäune aus Holz eher ein Hindernis. Auf großen Grundstücken avancieren sie zu einem hübschen Gestaltungselement. Ein mit einem Zaun umgebener Gemüsegarten sieht wie ein »Garten im Garten« aus. Zusätzlich kann ein Rosenbogen oder ein Klettergerüst das Eingangstor betonen. Eine stabile Abgrenzung mit einem Lattenzaun kann nötig sein, wenn Hunde oder andere Tiere vom Gemüsegarten abgehalten werden müssen. Besonders reizvoll sehen Zaunelemente aus natürlich gewachsenen Robinienhölzern aus.

Kräuterhecken

Mit Pflanzen lassen sich hübsche optische Abgrenzungen gestalten. Ein- und zweijährige Kräuter wie **Petersilie**, **Basilikum** oder **Gartenkresse** kommen für temporäre Einfassungen infrage. Sie sind nur für kurze Zeit da und räumen

■ Eine sichere Barriere: Schneckenzaun aus Eisenblech.

■ Schnittlauch als niedrige Einfassung ist zur Blütezeit besonders schön.

■ Lavendel als dekorative Einfassung für ein formales Gemüsebeet. Die Zucchinipflanzen werden noch größer und füllen nach der Ernte des Spinats den Raum aus.

nach der Blüte das Beet. Kräuterstauden wie **Schnittlauch, Römische Kamille** oder **Zitronenmelisse**, in einer Reihe gepflanzt, bieten sich ebenfalls an. Wenn die Pflanzen blühen und zurückgeschnitten werden müssen, sehen solche Einfassungen allerdings eine Zeit lang nicht so gut aus. Bei ausdauernden oder immergrünen Gehölzen ist das anders. Sie geben selbst im Winter noch eine lineale Grundstruktur.

Einfassungshecken aus Buchs & Co.

Am schönsten sehen Elemente des formalen Gartens aus, allen voran die geschnittene Hecke aus **Einfassungsbuchs**. Für diesen Zweck sollte man unbedingt einen langsam wachsenden Buchs wie *Buxus sempervirens* 'Suffruticosa' oder *Buxus sempervirens* 'Blauer Heinz' wählen. Diese Hecke, die auf 20–30 cm Höhe gezogen wird, kann als Viereck die Beetfläche umgrenzen, aber auch – wie in den traditionellen **Bauerngärten** – entlang der kreuzförmig angelegten Wege verlaufen. Hübsch wirkt es, wenn die Ecken durch halbkugelig geschnittenen Buchs betont werden. Es dauert ein paar Jahre, bis sich eine solche niedrige Hecke aus Buchs schließt. Anfangs muss man den Buchs zweimal jährlich in Form schneiden, später reicht der Rückschnitt einmal im Jahr während der Vegetationszeit zwischen Mai und September an einem trüben Tag.

■ **Niedrige, geschnittene Buchshecken säumen die Wege und eine Blumenrabatte mit Phlox, Kosmeen und Stockrosen rahmt den vielfältigen Nutz- und Ziergarten ein.**

Es gibt noch ein anderes immergrünes Gehölz, der sich für niedrige oder höhere Einfassungshecken eignet – den **Liguster** *(Ligustrum ovalifolium)*. Er wächst anfangs viel schneller als der Buchs, ist aber ebenso schnittverträglich und kann in fast beliebiger Höhe gehalten werden.

Als Alternative zu Buchs und Liguster bieten sich schnittverträgliche **Halbsträucher** an: **Eberraute** *(Artemisia abrotanum)*, **Gamander** *(Teucrium chamaedrys)*, **Heiligenkraut** *(Santolina chamaecyparissus)* oder **Lavendel** *(Lavandula angustifolia)*. Auch **Ysop** *(Hyssopus officinalis)* lässt sich zu einer niedrigen Hecke zurechtstutzen. Die vielen Pflanzen, die man für die Einfassungen braucht, ziehen Gärtner gerne selbst heran. Von Buchs und Eberraute kann man leicht **Stecklinge** schneiden und in Töpfchen bewurzeln lassen.

Säulenobst und Obstspalier

Hier kann sich das Dekorative mit dem Nützlichen verbinden. In Kleingartenanlagen, in denen nicht viel Platz ist und höhere Obstgehölze wegen des **Schattenwurfs** nicht erwünscht sind, ist diese Form des Obstanbaus sehr beliebt. Wählen Sie in der Baumschule Obstgehölze mit ganz schwach wachsender Unterlage als »**Spindeln**« oder speziell gezüchtete **Säulenobstbäumchen**. Bei den **Spindelbüschen** müssen die Äste in einer bestimmten Weise »erzogen« werden. So lässt sich mit den Mini-Bäumchen eine gute Sichtbegrenzung schaffen. Säulenobst wächst straff aufrecht und blüht und fruchtet dicht am Stamm. Die Bäumchen brauchen keinen Schnitt. Beim Beerenobst bieten sich **Hochstämmchen** an.

Die Bäumchen können einzeln stehen oder an einem durchgehenden Spalier. Spindelobstbäumchen pflanzt man im Abstand von etwa 2 m, Säulenobstbäumchen im Abstand von etwa 30–40 cm. Das Obstspalier aus Spalierbäumchen oder Säulenobst sollte so platziert sein, dass die Beete trotzdem genügend besonnt sind. Die Spalierbäumchen oder Säulenobstbäumchen, die wirklich wenig Platz brauchen, können zum Beispiel die Ecken einer Beetfläche markieren. Am Fuß der Mini-Obstbäumchen dürfen sich noch Kräuter ausbreiten. **Kapuzinerkresse** oder **Minzen** passen gut hierher.

Einfassungshecken aus Wildobst-Sträuchern

Dekoratives und Nützliches verbinden sich ebenfalls, wenn Sie eine Wildrosenhecke pflanzen. Am besten eignen sich **Kartoffelrosen** *(Rosa rugosa)*. Sie wachsen zu ansehnlichen, breit ausladenden Büschen heran und sammeln bei den Gartenbesitzern viele Pluspunkte: gesundes Laub, stark duftende Blüten und große, dekorative Hagebutten, die sich in der Küche gut nutzen lassen. Wählen Sie für den Gemüsegarten niedrig wachsende Sorten.

Für andere Wildobstarten wie **Kornelkirschen** oder **Brombeeren** brauchen Sie mehr Platz. Die Gehölze müssen in einigem Abstand zum Gemüsegarten und zur Grundstücksgrenze stehen, damit Sie die Früchte auch pflücken können. (Der Abstand ist auch für Pflegearbeiten nötig und weil der Grenzabstand zu Nachbargärten einzuhalten ist.) Diese beiden Wildobstarten sowie Holunder und Haselnüsse bieten sich ebenfalls für dekorative Küchengärten an.

Wer die geraden, klaren Linien, überhaupt den formalen Gestaltungsstil nicht so gerne mag, kann mit niedrigen, **frei wachsenden Blütensträuchern** den Gemüsegartenteil einfassen. Da bieten sich Fingersträucher (*Potentilla fruticosa*), Spiräen (*Spiraea japonica*) oder niedrige Kartoffelrosen (*Rosa rugosa*) an. Bei den Kartoffelrosen gibt es neue, niedrige Züchtungen wie die Sorten der Roadrunner-Serie in verschiedenen rosafarbenen Blütentönen und in Weiß, die nur etwa 70 cm hoch und breit werden. Diese Gehölze lassen Licht und Luft in den Gartenteil; außerdem brauchen sie kaum Schnitt und Pflege. Solche Einrahmungen sehen während ihrer langen Blütezeit den Sommer über bis weit in den Herbst hinein freundlich aus. Allerdings nehmen sie Platz im Gartenraum weg, so dass sich die verfügbare Anbaufläche verkleinert.

In ganz kleinen Gärten wird man deswegen eher Platz sparende tote Materialien verwenden und die Gartenteile mit **niedrigen Begrenzungselementen** aus Weidengeflecht oder Haselzäunen, mit Metallgittern oder niedrigen Steinsetzungen abgrenzen. Die Haselzäune bestehen aus langen Elementen aus Haselrutengeflecht, sie lassen sich mit Hilfe von Pfosten aus Haselholz auch zu viereckigen Beeteinfassungen zusammenfügen. Der Handel bietet zur Beetbegrenzung auch Kunststoffelemente an; die passen nach dem Stilempfinden Vieler jedoch nicht in einen natürlichen Gartenraum.

Solche kleinen Elemente sehen dekorativ aus. Man muss sie jedoch dezent einsetzen, sonst wird die Grenze zum Kitschigen schnell überschritten. Und zu viel Gartenmöblierung engt nur die Bewegungsfreiheit ein und hindert beim Hantieren mit Gartengeräten.

Zur Barockzeit waren streng in Form geschnittene Spalierobstbäumchen groß in Mode. Hier fasst ein niedriges Apfelspalier das Beet ein.

Beetformen

Formen und Abmessungen der Beete können ganz unterschiedlich sein. Viele Gartenbesitzer schätzen die Vorteile des Flachbeets. Doch auch Hoch- und Hügelbeete können sinnvoll sein, wenn diese in den Garten und zu den Menschen passen.

Flachbeet

Üblicherweise werden Gemüse und Kräuter auf flachen, rechteckigen Beeten angebaut. Die Beetbreite variiert zwischen etwa 1 und 1,5 m – je nach Größe und Aktionsradius des Gärtners oder der Gärtnerin. Die Faustregel besagt, dass vom Rand bzw. vom Weg das Arbeiten mit der Hacke bis ins Beetinnere möglich sein muss, ohne dass man die Erde betritt. Die Beetlänge richtet sich nach der Größe des Gartens und natürlich danach, wie viel Gemüse angebaut werden soll. Die handelsüblichen **Folien**, **Vliese** und **Insektenschutznetze** sind auf eine rechteckige Beetform ausgelegt.

Hochbeet und Hügelbeet

Diese beiden Beetformen erfreuen sich wachsender Beliebtheit. Beide bieten eine ideale Möglichkeit, Astmaterial, Laub und andere organische Abfälle zu deponieren und auch noch einen Nutzen daraus zu ziehen.

Die übliche und am häufigsten verwendete Beetform im Gemüsegarten ist das Flachbeet, hier breit angelegt und ohne Zwischenwege.

Auf einem Hochbeet kann man bequem hacken, jäten und ernten, ohne sich bücken zu müssen.

Auf dem **Hochbeet** lässt sich bequem in Hüfthöhe arbeiten. Für ältere und körperlich gehandicapte Menschen ist so das Gärtnern noch möglich, sogar vom Rollstuhl aus. Ein solches Hochbeet ist eine stabile Einrichtung aus Holzbohlen oder Betonteilen. Eine solche Anlage aufzubauen erfordert allerdings einiges an Geschick und handwerklichem Können. Hochbeete aus Holz oder Kunststoff gibt es auch ganz fertig oder fertig zum Montieren zu kaufen.

Ein **Hügelbeet** lässt sich leicht aus Material, das im Garten vorhanden ist, aufbauen; es erfordert aber mehr Wendigkeit beim Bearbeiten. Durch die Hügelform vergrößert sich die Grundfläche des Gartens etwas.

Bei frisch aufgesetzten Hügelbeeten und Hochbeeten verrottet das Innere aus holzigem und krautigem Material nach und nach und setzt dabei Wärme frei. Durch diese »Bodenheizung« wachsen Gemüse, Kräuter und Erdbeeren ebenso schnell und üppig wie auf einem Frühbeet.

Bitte beachten Sie, dass bei beiden Beetformen das **Wässern** größere Aufmerksamkeit erfordert als beim flachen Beet. Die aufgeschüttete Erde hat keinen Anschluss an den Untergrund, sodass Wasser rasch abfließt und die Feuchtigkeit in tieferen Bodenschichten den Pflanzenwurzeln nicht (oder zumindest am Anfang nicht) zur Verfügung steht. Wasser muss also immer von außen kommen.

Kraterbeet

Diese Beet-Sonderform, bei der die Mitte eingetieft ist, kann in kühlen, windigen Gegenden sinnvoll sein. Im »Krater« entsteht ein eigenes geschütztes Kleinklima. Zum Aufbau des Kraters sind Erdarbeiten nötig. Zum Aufschütten des Kraterrandes nimmt man Erde von Aushubarbeiten auf dem eigenen Gelände oder lässt für größere Krater Humus anfahren. Ein solches Kraterbeet darf nicht zu klein bemessen sein – einen Durchmesser von 4 m sollte es schon haben.

In einem Hügelbeet lässt sich viel sperriges Astmaterial und Laub aus dem Garten sinnvoll verwerten.

Auf einem Kraterbeet entsteht in der eingetieften Mitte ein günstiges Kleinklima, sodass hier auch empfindliche Gemüse und Kräuter gedeihen.

Gewächshaus & Co.

Die Ernte im Gemüsegarten soll sich über eine möglichst lange Zeit hinziehen. Mit Vlies- und Folienabdeckungen lässt sich die Erntezeit um ein bis zwei Wochen verlängern. Ein Gewächshaus ermöglicht oft sogar eine Ernte übers ganze Jahr hinweg.

Vlies und Folie

Vlies oder Folie werden gleich nach dem Säen oder Pflanzen über die jungen Kulturen gelegt. Vlies, das so aussieht wie Vlieseline, fügt sich unauffälliger in die Gartenlandschaft ein als die glänzende Folie. Doch das ist Geschmackssache. Der Effekt bei beiden Materialien ist der gleiche: Die Temperatur unter der Abdeckung steigt um ein paar Grad und ist insgesamt ausgeglichener, sodass die ersten Radieschen und der erste Salat tatsächlich etwa ein bis zwei Wochen früher erntereif sind. Beide Materialien sind aus Sicht der Umwelt unschädlich: Vlies wird aus **Polypropylen** hergestellt, Folie aus **Polyethylen**. Entsorgt werden beide über den Hausmüll.

Unter Vlies und Folie wächst Gemüse schneller als ohne Abdeckung heran. Wichtig: die Ränder beschweren!

Frühbeet

Das Frühbeet bietet etwas mehr Möglichkeiten. Es kann als so genanntes »kaltes Frühbeet« geführt werden oder als **»warmes Beet«** mit einer Packung aus (Pferde-)Mist. Diese Mistpackung wirkt wie eine Heizplatte und ermöglicht wirklich frühe Ernten. Das Packen ist aber recht mühevoll, und Mist steht auch nicht überall zur Verfügung, sodass diese Frühbeetform eher selten praktiziert wird.

Einfacher zu handhaben ist das **»kalte Frühbeet«**, das einfach auf die Erde gesetzt wird, entweder stationär oder von Jahr zu Jahr an eine andere Stelle. Viele Gartenbesitzer konstruieren Frühbeete aus Holzrahmen selbst und basteln eine Abdeckung aus **Gitterfolie** oder alten Fenstern. Käufliche Modelle aus **Stegdoppelplatten** oder anderen Kunststoffmaterialien sehen perfekter aus. Beim Kauf eines fertigen Frühbeets sollten Sie darauf achten, dass es einen Selbstöffnungsmechanismus (auf hydraulischer Basis) hat. Das heißt, bei Erwärmung öffnen sich die Fenster von alleine und schließen sich bei Abkühlung auch wieder. Bei einfacheren Modellen und bei Eigenkonstruktionen muss der Gärtner oder die Gärtnerin dies selbst tun. Das heißt, sie müssen ständig bereit sein, das Frühbeetfenster zu öffnen oder zu schließen. Es kann auch nötig sein, zu schattieren oder für Frostschutz zu sorgen.

Wenn schnelles Eingreifen nicht gewährleistet ist, ist eine Abdeckung der Beete mit Vlies oder Folie sinnvoller, um wenigstens etwas früher ernten zu können.

Gewächshaus

In kühlen Gegenden ist ein Gewächshaus nötig, um wärmebedürftige Pflanzen wie Tomaten, Paprika oder Gurken überhaupt kultivieren zu können. Es ist generell sinnvoll, weil die Gemüse so schneller und oft auch gesünder heranwachsen können. Allerdings gilt auch hier, dass man ein **Gewächshaus** kaum sich selbst überlassen kann. Wenn Sie im Sommer häufig unterwegs sind und keine »Urlaubsvertretung« zum Gießen und Lüften haben, sollten Sie lieber auf das Gewächshaus verzichten – es sei denn, das Gießen und Lüften lässt sich elektronisch steuern. Im Freiland kann man die Kulturen eher mal ein paar Tage sich selbst überlassen.

In kleinen Gärten kann es schwierig sein, einen passenden Platz fürs Gewächshaus zu finden. Es sollte an einer gut besonnten Stelle stehen, aber natürlich nicht so, dass es andere Kulturen beschattet.

Am einfachsten aufzubauen und preisgünstig sind **Folienhäuser**. Stabiler sind jedoch solche aus Glas oder aus Stegdoppelplatten. Diese brauchen allerdings ein festes Fundament. Die Grundfläche sollte mindestens 6 m² betragen, wenn es möglich ist, auch mehr.

Ein Gewächshaus in Hausnähe wirkt manchmal wie ein Fremdkörper. Mit einer passenden Vorpflanzung, zum Beispiel mit Kletterpflanzen oder niedrigen Gehölzen, lässt es sich etwas kaschieren.

Folientunnel und Kästen

Als Mittelding zwischen Frühbeet- und Gewächshauslösung bieten sich niedrige **Frühbeet-** bzw. **Folien-Tunnel** oder **versetzbare Kästen** an. Diese Objekte sind nur zeitweise im Garten und werden weggeräumt, sobald die Gemüse zu hoch werden oder wegen steigender Temperaturen kein Schutz mehr nötig ist. Folientunnel bestehen aus Stahlrohr- oder Drahtbügeln, die mit UV-beständiger Folie überspannt sind. Die Tunnel werden einfach durch Einstecken der Bügelenden ins Erdreich fixiert. Aus Holz gezimmerte und mit Folie bespannte Kästen sind als Kälteschutz sehr nützlich.

In einem Frühbeet kann man früher säen und pflanzen als im Freiland. Ein Holzrahmen mit Abdeckung genügt. Das Lüften ist hier sehr wichtig.

Dieses intensiv genutzte Kleingewächshaus besteht aus Stegdoppelplatten.

Küchengarten im Topf

Das Gärtnern in Töpfen gewinnt immer mehr Anhänger. Viele Gartenfans, die ihrer Leidenschaft nur auf dem Balkon frönen können, sind darauf angewiesen. Und selbst wenn gewachsener Boden zur Verfügung steht, wollen viele Hobbygärtner die Grundfläche vergrößern oder die Töpfe mal hierhin und mal dorthin rücken können.

Erstaunlich viele Gewächse lassen sich in Töpfen kultivieren. Gemüse und Kräuter verlangen lediglich etwas mehr Aufmerksamkeit als die Gemüse auf dem Beet und brauchen für guten Wuchs regelmäßig ausreichend Wasser sowie das richtige Maß an Nährstoffen. Geben Sie den Kräutern und Gemüsen einen sonnigen, großzügig bemessenen Platz, damit sie sich gut entwickeln können.

Besonders gut für die Kultur in Töpfen oder Kästen eignen sich die **einjährigen Würzkräuter** Basilikum, Borretsch, Dill, Kapuzinerkresse sowie die zweijährige Petersilie. Saatscheiben, die so genormt sind, dass sie in handelsüb-

In formschönen Terrakottatöpfen lässt sich das Balkonobst gut in Szene setzen und erhält festen Stand.

Für sonnige Plätze am besten immer helle Gefäße wählen, sodass sich die Topferde nicht zu stark erhitzt.

liche Töpfe passen, erleichtern die Aussaat für Ungeübte. Die Samen sind in gleichmäßigem Abstand in das Vliesmaterial eingearbeitet und keimen sicher, wenn sie gleichmäßig feucht gehalten werden. Zum Mini-Kräutergarten auf Terrasse und Balkon gehören auch Töpfe mit **ausdauernden Würz- und Teekräutern** wie Schnittlauch, Rosmarin, Salbei, Thymian, Minzen, Zitronenmelisse und Lavendel. Von den **Gemüsen** eignen sich am besten Tomaten, Paprika und Peperoni für die Kultur in Gefäßen. Auch Stangenbohnen als Sichtschutz für Terrasse und Balkon sind eine gute Wahl.

Mit etwas Fingerspitzengefühl und Schutzvorrichtungen für den Winter gelingt auch die Kultur von **Obstgehölzen** in Pflanzgefäßen.

Das richtige Gefäß wählen

Erfahrungsgemäß eignen sich terrakottafarbene Plastikgefäße am besten. Von weitem sehen sie aus wie edle Terrakotta; sie haben jedoch den Vorzug, nicht so leicht zu Bruch zu gehen, und außerdem sind sie viel leichter als die tönerne Ware. Der Handel führt runde **Pflanzkübel** in allen Größen – ideal für Tomaten- oder Paprikapflanzen. Die niedrigen Balkontomaten gedeihen auch in Kästen und relativ kleinen Gefäßen. Cherry- und Cocktailtomaten lassen sich sogar kopfüber hängend als Ampelpflanzen kultivieren. Viereckige Kübelformen mit großem Volumen gibt es auch. Sie bieten mehr Möglichkeiten und lassen sich besser an eine Wand rücken als die runden Formen.

Ganz wichtig ist die Farbe der Gefäße! Nehmen Sie niemals schwarze Kunststoffkübel, denn die werden bei Sonneneinstrahlung viel zu heiß. Sie absorbieren durch ihre schwarze Farbe die Sonnenwärme, sodass sich die Erde im Kübel sehr stark erhitzen kann und die Pflanzenwurzeln verbrennen. Wenn schwarze Kübel, dann in ein hellfarbenes anderes Gefäß einstellen, damit die Sonne nicht direkt darauf trifft.

Für Wasservorrat sorgen

Bei den Pflanzen im Kübel ist die **Wasserversorgung** der entscheidende Faktor. Die muss regelmäßig geschehen, sonst vertrocknen die verzärtelten Kübelpflanzen allzu schnell. An heißen Sommertagen kann es nötig sein, zweimal täglich zu gießen.

Große Untersetzer helfen, das Wasser bereitzustellen. Weitere Möglichkeiten zum Bevorraten des Wassers sind **Pflanzgefäße** mit Wasserspeicher, Wasser speicherndes Vlies in den Gefäßen oder eine mehr oder weniger automatisierte Wasserversorgung über Tropfer oder perforierte Schläuche. Der Handel bietet da seit Jahren handhabbare Modelle zur automatischen Wasserversorgung an. Voraussetzung ist freilich ein Wasseranschluss.

Es ist auch möglich, Mulchschichten auf die Gefäße zu legen, sodass weniger Wasser verdunstet. Schutzscheiben oder -matten aus Kokosfaser, die es im Handel zu kaufen gibt, sind ebenfalls ein guter Verdunstungsschutz.

Lavendel ist eine gute und stilechte Dauerbepflanzung für dekorative Terrakottatöpfe.

Wasser zum Gießen

In der Nähe des Küchengartens sollte auf jeden Fall ein Wasseranschluss vorhanden sein, damit die Wege zum Gießen nicht so weit sind. Eine gestalterisch sehr ansprechende Lösung ist es zum Beispiel, ein Brunnenbecken im Zentrum des Gartens zu platzieren. In größeren Gärten sind mehrere Wasseranschlüsse praktisch.

Mit Gießkanne und Schöpfbecken

Ein Wasseranschluss allein genügt nicht. Vor dem Gießen muss sich das Wasser erwärmen können. Es sollte deshalb zuerst in eine **Tonne** oder ein **Schöpfbecken** fließen. Das kann eine große Plastikwanne sein oder ein Betonbecken. Es gibt mittlerweile auch optisch ansprechende Vorratsbehälter im Handel – zum Beispiel mit einem Korpus aus Holz, der innen mit Folie ausgekleidet ist, oder in Form einer Säule.

Tonnen und Säulen

Umsichtige Gärtner decken die Regentonnen und Schöpfbecken mit Deckeln oder Folie ab. Sie tun dies aus gutem Grund: Kröten und Mäuse schaffen es zuweilen in die Tonnen zu springen bzw. zu klettern. Ohne Hilfe kommen die Tiere nur schwerlich wieder hinaus. Mäuse ertrinken, wenn sie zu lange im Wasser schwimmen müssen.

Ein weiterer Grund ist, dass durch die Abdeckung Stechmücken abgehalten werden. Schöpfbecken und Regentonnen, in denen das Wasser lange steht, sind Brutstätten für Stechmücken (Schnaken), die sich dann im Garten und im Haus ihre Opfer suchen. Die zuckenden Stechmücken-Larven sind im Wasser mit bloßem Auge erkennbar. Wenn das in Ihrem Garten vorkommt, ist es ratsam, die Tonne ganz zu leeren und sie vor dem Wiederbefüllen austrocknen zu lassen. Auch andere Wasser gefüllte Behälter sollten im Sommer etwa jede Woche entleert werden, damit sich Stechmücken nicht vermehren können.

Ein Tipp: Entleeren Sie im Spätherbst, vor den ersten starken Frösten, unbedingt sämtliche Leitungen und alle Gefäße, in denen Wasser steht. Sonst entsteht auf jeden Fall ein Schaden durch Frosteinwirkung – Rohre platzen oder Behälter bekommen Risse.

Ein Sprenger, wie er zum Rasenwässern verwendet wird, ist im Gemüsegarten nicht ideal. Das Wasser, das aus dem Sprenger kommt, ist womöglich zu kalt. Außerdem schadet es den Gemüsen, wenn sie von oben bewässert werden; kann das Wasser nicht schnell genug von den Blättern abtrocknen, werden die Pflanzen leicht von Pilzkrankheiten befallen, die feuchtes Milieu lieben.

Regenwasser nutzen

Zusätzlich zur Versorgung aus der Leitung (die auf jeden Fall da sein muss) sollten sparsame Gärtner das Regenwasser nutzen. Bei Hausneubauten empfiehlt es sich, von vorneherein **Regenwasserzisternen** unterirdisch einzubauen. Mit Hilfe einer Tauchpumpe holt man das Wasser nach oben und leitet es in **Schöpfbecken**. Der nachträgliche Einbau einer Zisterne ist dagegen aufwändig. Da bietet sich eher eine kleine Lösung an, indem man das Dachwasser in **Regentonnen** leitet, von denen mehrere mit Überlauf nebeneinander stehen können. Der Handel bietet verschiedene Lösungen zum Ableiten im Fallrohr an. Dazu wird ein Zwischenstück in das Fallrohr eingesetzt. Die Einsatzteile der verschiedenen Hersteller fangen Laub und Schmutzpartikel ab.

Manche Fallrohre sind so konstruiert, dass das erste schmutzige Regenwasser durchläuft und erst bei stärkeren Regenfällen Wasser in die Tonne umgeleitet wird.

Auf manchen Grundstücken muss das Wasser vom Fallrohr weg zu einer entfernt stehenden Tonne bzw. zu einer größeren Zisterne geleitet werden. Wer es geschickt anstellt, kann sich durch Zisternen mit hohem Speichervermögen weitgehend selbst mit Regenwasser für den Garten versorgen – das spart Kosten und tut Gewächsen gut, die weiches, kalkarmes Wasser benötigen, beispielsweise den Zitrusgewächsen. Die Tonnen sollten etwas erhöht stehen, so dass durch ein Ablassventil knapp über dem Boden der Tonne das Wasser in die Gießkanne laufen kann.

Automatische Bewässerung

Im Garten und im Gewächshaus bietet sich die Möglichkeit zur automatischen oder halbautomatischen **Wasserversorgung**. Die Bewässerungssysteme schließt man mit Schlauchkupplungen an die Wasserleitung an. Die Steuerung erfolgt automatisch mit Hilfe von Bewässerungscomputern mit Zeitschaltuhren oder einfach manuell durch Auf- und Zudrehen des Wasserhahns.

Je nach System sind es einzelne **Tropfer** oder **Bewässerungsschläuche** (**Tropfschläuche**), die das Wasser an die Pflanzen befördern. Bewässerungsschläuche eignen sich für Gartenbeete und Gewächshäuser. Sie werden je nach Hersteller entweder auf dem Boden oder wenige Zentimeter tief im Boden oder unter einer Mulchschicht verlegt. Bei ihnen sickert das Wasser langsam aus den Poren oder den Perforationen und versorgt die umgebenden Pflanzen bis in etwa einen halben Meter Entfernung mit Wasser. Das Tropfersystem bietet sich dagegen besonders für Gewächshäuser zum Bewässern einzelner Pflanzen in Töpfen und Pflanzgefäßen an. Es lässt sich auch auf einem Balkon oder einer Terrasse installieren.

Beim automatischen Wässern im Gemüsegarten das Wasser möglichst direkt an den Wurzelraum bringen.

Eine Klappe im Fallrohr der Dachrinne ist die einfachste Möglichkeit, das Wasser vom Dach in die Regentonne zu leiten.

Kompostplatz als Recyclingstation

Der Kompostplatz hat in einem Küchengarten eine zentrale Funktion. Er sollte deshalb gut zugänglich sein und Platz zum Hantieren bieten. Für den Erfolg des Kompostierens ist es wichtig, dass er nicht in der prallen Sonne liegt, sondern leicht beschattet ist. Ein Holunderbusch oder ein Fliederstrauch liefert den nötigen lichten Schatten.

Praktische Behälter wählen

Ob man in einer Miete kompostiert oder in Behältern, ist eine Geschmackssache beziehungsweise hängt auch von der Größe des Gartens ab. Jedenfalls darf ein **Kompostbehälter** nicht zu klein sein. Die Außenfläche ist sonst im Verhältnis zum Inhalt zu groß; das Material trocknet schnell aus und der Kompostierprozess kommt nicht richtig in Gang. Zu groß sollten die Behälter aber auch nicht sein, weil man dann nur noch schwer hantieren kann. Eine Seitenlänge von 80–100 cm bei einem viereckigen Behälter wäre ideal. Sehr praktisch sind Kompostlegen aus

■ Kompostbehälter aus Holz fügen sich gut in den Garten ein. Ein Deckel hält Regen ab. Wichtig ist, dass die wertvollen organischen Abfälle gut gemischt werden, dann läuft die Zersetzung einwandfrei ab.

Kunststoff, deren Seitenteile man auseinandernehmen und wieder zusammensetzen kann. Sie lassen sich fast beliebig in die Höhe bauen.

Fast alles organische Material aus dem Garten und aus dem Haushalt kann auf den Kompost gebracht werden. Besonders leicht verrotten Rasenschnitt sowie Ernte- und Putzabfälle von Gemüse, Obst und Kräutern, Abgeblühtes und Abgeschnittenes von Sommerblumen und Stauden, Kaffeesatz und Teebeutel aus der Küche. Schwerer verrottbar sind Laub und dürre Staudenstängel. Diese Pflanzenteile sowie dünne Äste von Rosen und Sträuchern sollte man möglichst klein schneiden oder – noch besser – häckseln. Nicht auf den Kompost sollten Samen tragende Unkräuter, denn damit schafft man sich auf Dauer ein Verunkrautungsproblem. Gekochte Speisereste, Brot, usw. aus der Küche dürfen ebensowenig auf den Kompost, weil man damit Ungeziefer anlockt.

In kleineren Gärten wird man es nicht schaffen, den Behälter auf einmal voll zu füllen, auch wenn das wünschenswert wäre. Dann legt man das frisch Gehäckselte oder Zerkleinerte obenauf und vermischt es mit Hilfe der Grabegabel ein wenig mit der darunterliegenden Schicht.

Kompost muss sich erhitzen

Es ist schon eine kleine Kunstfertigkeit, den Kompost so weit zu bringen, dass er sich ausreichend, aber nicht zu stark erhitzt. Wichtig ist auch der richtige Feuchtigkeitsgrad des aufgesetzten Materials, nicht zu nass und nicht zu trocken. Da muss man im Sommer schon einmal mit der Gießkanne nachhelfen. Wenn es viel regnet, muss man jedoch abdecken. Bei dem richtigen Feuchtigkeitsgehalt erhitzt sich das Kompostinnere etwa einen Tag nach dem Aufsetzen kurzzeitig auf über 60 °C. Höher sollte die Temperatur nicht steigen, weil dann Nährstoffe verloren gehen. Schon nach wenigen Tagen sinkt die Temperatur von alleine stark ab. Es ist erstaunlich, wie schnell das Material dann in sich zusammensackt. Nach dieser ersten Kompostierphase besiedeln Pilze den Kompost; dann folgen weitere Zersetzer – Asseln und Springschwänze – und schließlich Kompostwürmer.

Mit altem Kompost neuen impfen

Bei einer solchen Kompostierweise ist das Material unten im Behälter schon fertig, während oben der Kompostierprozess noch voll im Gang ist. Dann muss man anfangen, einen zweiten Behälter zu füllen. Darin kann man dann die frischen Abfälle mit den obersten Lagen vom »alten« Kompost mischen und den neuen mit dem alten impfen. Einen **Kompoststarter** braucht man bei funktionierenden Kompostanlagen nicht. Günstig ist es jedoch, wenn man **Algenkalk** (4–8 kg/m³) beigibt. Der Zuschlag von **Tonmehl** (1 kg/m³) fördert die Bildung von Ton-Humus-Komplexen. Ganz entscheidend für den Erfolg des Kompostierens ist die richtige Mischung des Materials – feines und grobes, stickstoffreiches und stickstoffarmes, trockenes und feuchtes muss zusammenkommen.

Der Kompostplatz bzw. die Kompostbehälter sollten gut von allen Seiten zugänglich sein. Sinnvoll sind zwei Behälter: der eine zum Aufsetzen, der andere zum Lagern und Entnehmen.

Stützgerüste

Einjährige und ausdauernde Klettergewächse schlingen und hangeln sich nach oben, sofern sie Stäbe, Latten, Drähte oder Schnüre zum Festhalten finden. Stangenbohnen, Kürbisse, Erbsen, Kiwi und Spalierbirnen machen mit auffallenden Blüten und Blättern sowie interessantem Wuchsbild den Zierpflanzen optisch Konkurrenz.

Temporäre Kletterhilfen

Einige Gegenstände sind im Nutzgarten durchaus nützlich. Stangen- und Feuerbohnen, Erbsen und manche Gurken brauchen Stäbe oder Schnüre, um sich hochzuhangeln. Gerade in kleinen Hausgärten kann man auf solche vertikalen Klettereinrichtungen nicht verzichten. Für Stangenbohnen bieten sich Stangen aus Nadelholz oder Bambus an. Kreative Menschen bauen fantasievolle Gebilde daraus. Erbsen halten sich mit ihren Kletterorganen an dünnem Draht oder Geäst fest. Ein Maschendrahtgeflecht oder Reisig von Haselnusssträuchern ist für sie als Unterlage ideal. Für Tomaten

■ Nützliches und dekoratives Klettergerüst für Stangenbohnen – die Bambuskonstruktion ist mit Querstäben oben stabilisiert.

■ Ein Maschendrahtzaun wird zur Kletterhilfe für Kürbisse – Sichtschutz auf kleinstem Raum!

stehen Spiralstäbe zur Verfügung, in die man die Triebe ganz einfach hineinleiten kann. Im Gewächshaus nimmt man Schnüre zu Hilfe, die man an einer Querstange oben befestigt und an der man die Tomaten mit Hilfe von Clipsen befestigt. Bei Schlangengurken ist es ähnlich. Mit etwas Fantasie wird man auch Naturmaterial finden, das wenig kostet und doch seinen Zweck gut erfüllt.

Spaliere und Pfähle für Weinreben & Co.

Für Spalierbirnen, Weinreben etc. braucht man stabile Klettergerüste. Das können Spaliere aus Holzlatten sein, möglichst aus verwitterungsstabilem Holz wie Robinienholz, die mit etwas Abstand von der Fassade montiert werden.

Edelstahlseile bieten sich als Kletterhilfe ebenfalls an. Sie müssen stabil im Mauerwerk verankert sein. Verschiedene Systeme sind im Handel erhältlich. Ein Stützsystem namens »Gripple« kommt aus England. Es arbeitet mit Nylonfäden und Kunststoffspannern und eignet sich für Obstspaliere, Brombeerhecken, Kiwi, etc. Die meisten Spaliergewächse klettern nicht selbst, sondern müssen angebunden werden; Kiwis dagegen schlingen selbst an dünnen Holzstäben oder Edelstahldraht in die Höhe.

Frei stehende Obstgehölze brauchen für stabilen Stand Stützpfähle, an die sie mit Kokosschnur, Bindeband oder ähnlichem, stabilem Material angebunden werden. Die möglichst kesseldruckimprägnierten Pfähle sollten so lang sein, dass sie nach dem Einschlagen bis in die Krone des Bäumchens oder des Beerenobst-Hochstämmchens hineinreichen.

Obstgehölze klettern nicht selbst, sondern müssen angebunden werden. Ein Wandspalier aus schlichten Holzlatten für Weinreben, Aprikosen und Spalierbirnen sieht in jedem Garten schön aus.

Gestaltungsbeispiele

Den eigenen Küchengarten gestalten

Es gibt unendlich viele Möglichkeiten, einen Garten zu gestalten, sei er auch noch so klein. Sie haben die Freiheit, Ihre Wünsche auf die Gegebenheiten des Geländes abzustimmen. Bedenken Sie schon beim Planen, wie viel Zeit Sie für die spätere Gartenpflege aufwenden können und kalkulieren Sie Ihre Urlaubszeiten mit ein.

Grundfragen klären

Manchmal tut man sich leichter, wenn der Garten in Grundzügen schon angelegt ist, weil dann die Möglichkeiten etwas eingegrenzt sind. Den größeren Reiz hat es natürlich, wenn man den Garten völlig neu gestalten kann. Sie können diese Aufgabe Profis übertragen oder sich selbst daran versuchen. Das erfordert einige Überlegungen. Wollen Sie viel Gemüse anbauen, oder genügen Ihnen ein paar Kräuter zum Würzen? Legen Sie Wert auf Johannisbeeren zum Kuchenbacken?

Als Erstes muss die **architektonische Grundstruktur** festgelegt sein, also Geländeterrassierung, Treppen, Wegeführung, Zäune und Hecken. Soll der Garten formal wirken, mit geraden Linien, oder unregelmäßig – oder sogar mit runden Beetverläufen? Erfahrungsgemäß tut man sich mit rechtwinkligen Beeten bei der praktischen Gartenarbeit leichter als mit Sonderformen.

Zudem sollte der Garten **harmonisch die Gestaltungsprinzipien des Wohnhauses aufnehmen**. Und beziehen Sie auch die Senkrechte in die Planungen mit ein. Wände bieten Raum für Spalierobst und vergrößern so die Gartenfläche. Ein frei stehendes Spalier kann die Beete innerhalb des Gartens einrahmen oder den Garten nach außen abgrenzen.

Stützmauern und **Platten- oder Pflasterwege** verlegen normalerweise Garten- und Landschaftsbauer. Wer handwerklich geschickt ist, kann niedrige Mauern und einfache Wege auch selbst bauen und viel Geld damit sparen. Erst dann geht man an die Detailplanung mit den Pflanzen.

Versuchen Sie sich jeweils vorzustellen, **wie sich ein Garten entwickeln kann**. Erfahrungsgemäß brauchen ausdauernde Pflanzen mehr Platz, als man zunächst annimmt.

Machen Sie sich von den **benötigten Pflanzen** eine detaillierte Liste und bestellen Sie diese nach Plan.

Nun wird der einmal umgesetzte Plan aber nicht auf Dauer so existieren. Im Winter verabschieden sich manche wärmebedürftigen Gewächse, in heißen Sommern vertrocknet frisch Gepflanztes, und bei feuchtem Wetter fressen womöglich die Schnecken alles ab. Die Arbeit im Garten und das Planen hören also nie auf.

Den richtigen Standort wählen

Wählen Sie für den Küchengarten den am besten besonnten Teil des Grundstückes aus, nicht beschattet von Gebäuden und Gehölzen, aber dennoch vor Winden geschützt. Der richtige Standort ist das A und O für den Gemüse-, Kräuter und Obstanbau. Auf normalen Hausgrundstücken hat man in der Regel kaum Möglichkeiten zum Variieren und muss eventuell mit weniger günstigen Standorten und mit kleinen Beeten für den Küchengartenteil vorlieb nehmen.

Egal wie groß das Grundstück ist oder welche Geländeform es hat, eine gestalterische Idee kann immer verwirklicht werden. Für den Gemüsegarten bietet sich die Idee **»Ein Garten im Garten«** an. Der Gemüsegarten bildet dabei eine Einheit für sich; schmale Rabatten, niedrige Einfassungen oder ein niedriger Zaun trennen ihn vom restlichen Gartenteil ab. Sehr wichtig ist in dem Zusammenhang das Adjektiv »niedrig«, denn das Gemüse muss in den vollen Lichtgenuss kommen. Es darf möglichst wenig Schatten auf das Küchengartenkarree fallen; deshalb kann es vorteilhaft sein, wenn das Gelände für den Küchengartenteil etwas höher als die Umgebung liegt.

In ganz kleinen Gärten kann es eine gute gestalterische Lösung sein, wenn man **Nutz- und Zierpflanzen mischt**, etwa die dekorativen Kräuter-Halbsträucher Salbei und Lavendel zu Strauchrosen pflanzt und einjährige Kräuter ins Gemüsebeet sät. Ein separates Kräuterbeet ist meist nicht nötig. Beerenobst-Hochstämmchen und Säulenobstbäumchen lassen sich gut am Rand der Gemüsebeete oder in Sommerblumenbeete platzieren.

Fünf Beispielgärten

Die folgenden Beispiele sollen Anregungen geben, wie Sie Ihren Garten gestalten können. Sie brauchen sich nicht Punkt für Punkt daran halten. Sie können Details aus einem mit Details aus einem anderen Plan zusammenfügen. Den Bauerngarten, der hier mit Gemüse bepflanzt ist, können Sie beispielsweise etwas kleiner vorsehen und statt der Gemüse Kräuter und Blumen oder Rosen wählen. Er könnte dann auch Blickfang in einem Vorgarten sein. Statt der vorgeschlagenen Buchshecke könnten Sie eine Randbegrenzung mit schnittverträglichen Kräuterpflanzen wählen. Auf den folgenden Seiten finden Sie Beispiele für kleine und für große Küchengärten.

Dieser gut besonnte Garten am Ortsrand besticht durch seine Fülle und Buntheit. Eine Rabatte mit Rosen und Stauden – Rittersporn, Phlox und Pfingstrosen – umrahmt die Gemüsebeete.

Ein kleiner formaler Küchengarten

Dieser Garten orientiert sich an Gestaltungsprinzipien des Barock: Formschnitthecke, niedrige Einfassungshecken, Sichtachse. Ein klarer, formaler Rahmen sieht immer gut aus und gibt dem Garten auch im Winter oder wenn die Besitzer nur wenig Zeit für die Pflege haben Struktur.

Für Ästheten und Genießer

Dieser kleine, übersichtlich gestaltete Garten ist so angelegt, dass er auch einmal ein paar Tage sich selbst überlassen werden kann und nach einem Urlaub oder nach intensiven Arbeitsphasen schnell wieder in Ordnung gebracht werden kann. Symmetrie ist ein Gestaltungsprinzip. Die klaren Grundstrukturen mit geschnittenen Hecken und niedrigen Natursteinmauern machen den Garten während des ganzen Jahres attraktiv.

Der ganze Garten ist von einer auf ca. 2 m Höhe geschnittenen Ligusterhecke eingefasst, die auch im Winter Sichtschutz bietet. (Als Platz sparende Alternative zur Ligusterhecke bieten sich eine Sichtschutzwand aus Holz oder sogar ein Gabionenzaun an.)

Der Gemüsegarten liegt exponiert am Fuß einer Terrasse. Ein paar Treppenstufen führen von der Terrasse auf das etwa 1 m tiefer liegende Terrain. Die Terrasse und ein darunter liegender Pflanzstreifen für Kräuter werden jeweils von einer niedrigen Natursteinmauer gestützt. Auf der Terrasse ist Platz für Kästen und Kübel, die – je nach verfügbarer Zeit – temporär hier stehen können. Auf dem schmalen Pflanzstreifen unterhalb der Terrasse stehen trockenheitsverträgliche Kräuter-Halbsträucher wie Eberraute, Heiligenkraut, Gartensalbei und Lavendel sowie ein paar niedrige Strauch- und Bodendeckerrosen. Zu Füßen und über die Mauerkronen breiten sich Fetthennen und Polsterpflanzen aus. Töpfe mit Blattschmuckgeranien füllen die Lücken und stehen zusammengerückt in kleinen Arrangements, die farbliche Akzente setzen. Die trockenheitsverträglichen Geranien sind ein Geheimtip für alle, die wenig Zeit für den Garten haben; diesen Topfpflanzen macht es nichts aus, wenn sie ein paar Tage nicht gegossen werden.

Der Küchengarten ist in zwei rechteckige Beete gegliedert. Der Mittelweg setzt sich in gerader Linie von der Treppe aus fort. Die Blickachse vom Wohnzimmer und der Terrasse aus richtet sich auf eine Skulptur oder auf eine Sitzbank. Die immergrüne Ligusterhecke bildet einen ruhigen Hintergrund für solche architektonischen Elemente. Eine niedrige geschnittene Hecke aus Heiligenkraut fasst die Gemüsebeete ein. (Hecken aus Lavendel oder Gamander sind Alternativen.) Für Farbe sorgen Kapuzinerkresse und Studentenblumen. Kornelkirschen-Hochstämmchen und Lorbeer-Hochstämmchen in Kübeln betonen die Ecken des Gemüselandes. Die Wege und Freiflächen sind eingekiest. Damit die Kieselsteinchen nicht in die Beete »wandern«, wurden Stahlkanten in das Erdreich eingesenkt.

Dekorative Gemüse mit interessantem Blattwerk, wie Artischocken oder Mangold, setzen auf den Beeten Akzente. Das Gemüse wird in der Regel gepflanzt, so dass die Reihen und Beete stets gefüllt wirken. Im Frühjahr sorgen schnellwüchsige Sä-Kulturen von Spinat, Schnittsalat, Kresse und Rucola für eine schnelle Begrünung. Wenn während des Sommers nicht gleich Zeit zum Neueinpflanzen ist, wird die hübsche Phazelia als schnellwüchsiger Lückenfüller breitwürfig ausgesät. Je nach Aussaattermin und Wetter bildet die Gründüngungspflanze im Herbst noch herrlich blaue Blüten aus, die Bienen anlocken. In milden Wintern bleibt die Gründecke lange erhalten. Eine grüne Decke entsteht auch mit Feldsalat. Er wird im August/September breitwürfig oder in Reihen gesät – als Gründünger und ebenso als wohlschmeckendes Salatgemüse.

PFLANZLISTE FÜR DIE SOMMER- UND HERBSTPFLANZUNG:

1 Kornelkirschen-Hochstämmchen

2 Lorbeer-Hochstämmchen im Kübel

3 Artischocken

4 Kapuzinerkresse als Unterpflanzung

5 Mangold ‘Rhubarb Chard’

6 Studentenblume *(Tagetes)*

7 Brokkoli ‘Romanesco’

8 Pflücksalat ‘Lollo rosso’ und ‘Lollo bionda’

9 Buschbohnen ‘Purple Teepee’, danach Endiviensalat

10 Grünkohl ‘Redbor’

11 niedrige geschnittene Hecke aus Heiligenkraut *(Santolina)*

12 Lavendel

13 Gartensalbei

14 Eberraute

Rosen 15 für die Kräuterterrasse: je zwei Pflanzen Strauchrose ‘Schneewittchen’ (weiß) an die Hausecken, Bodendeckerrose ‘Sommerwind’ (rosa) in die Ecken, Edelrose ‘Sebastian Kneipp’ (cremeweiß mit gelblichrosa, stark duftend) am Treppenaufgang.

Ein Bauerngarten als Garten im Garten

So stellt man sich einen Bauerngarten vor! Ein buntes, wohl geordnetes Miteinander an Nutz- und Zierpflanzen. Innerhalb des formalen Rahmens dürfen sich Kürbisse, Kraut und Co. üppig entwickeln und bringen dank intensiver, fachkundiger Pflege schließlich auch reiche Ernte.

Geordnete Fülle

Dieser Garten ist nach dem Vorbild historischer Bauerngärten angelegt. Er hat einen kreuzförmigen Wegegrundriss aus schlichten, grauen Betonplatten. Streng und schmal geschnittene Buchshecken säumen die Wege. In diesem Fall wurde der langsam wachsende Einfassungsbuchs *(Buxus sempervirens* 'Suffruticosa') verwendet. Ein Rosenhochstämmchen, umgeben von Schleierkraut, betont die Mitte der formalen Anlage, und eine Rabatte mit Sommerblumen und Stauden umgibt das Geviert. Stockrosen und Phlox stehen sehr üppig da.

Der Garten ist fast quadratisch und misst etwa 8 auf 8 m. Ein niedriger Lattenzaun schließt den Garten im Garten nach außen hin ab. Der Sitzplatz unter Sträuchern, ein Spielrasen und der Kompostplatz liegen außerhalb des formalen Bauerngärtchens. Ein nettes Detail ist die Wasserstelle mit dem Schöpfbecken vor der ehemaligen Schmiede.

Der Garten steht in bester Tradition der verzierten ländlichen Nutzgärten, in denen das Gemüse zur **Selbstversorgung** die Hauptrolle spielt. Wichtig ist, dass der Gemüsegarten gut besonnt daliegt und weder der Schatten von Gebäuden noch von hohen Bäumen oder Sträuchern auf die Beete fällt. Gemüsepflanzen mögen keine schattigen Plätze.

Das Gemüse steht auf den Beeten in **Mischkultur**, wobei die Gemüse von Reihe zu Reihe wechseln. Es gibt auf den vier Karrees außer Holzlatten keine Zwischenwege, vielmehr ist der Boden zwischen den Gemüsereihen gemulcht mit Rasenschnitt, mit Stroh oder anderen organischen Materialien, die gerade zur Verfügung stehen. Am Rand dienen Ziegelsteine als schmale Trittpfade.

Die Besitzerin sät im Frühjahr als Erstes **Spinat** in Reihen im Abstand von 40 cm als Vorkultur. Dieser wächst zwischen den anderen Gemüsen heran, bis er schließlich abgehackt wird und als **Mulchdecke** liegen bleibt. Durch den Spinatmulch wird der Boden locker und lässt sich gut bearbeiten. Es ist ein alter, gut gedüngter Gartenboden, auf dem auch Nährstoffräuber unter den Gemüsen wie **Kohl** und **Rosenkohl** sowie **Zucchini** und **Kürbis** gut gedeihen.

Um die Grundfläche gut zu nutzen und möglichst viel zu ernten, arbeitet die Gärtnerin mit einem ausgeklügelten System von Vor- und Nachkulturen. Die Erde liegt nie lange bloß da. Sobald eine Reihe oder der Teil einer Reihe abgeerntet ist, wird eine neue Kultur gesät oder gepflanzt. Nach der Ernte von Salat, Radies und Kohlrabi im Lauf des Juni folgen späte Buschbohnensaaten oder wiederum Salate oder Knollenfenchel. Wenn Blumenkohl, Knoblauch und Zwiebeln den Platz im Juli und August räumen, wird ein Teil der frei werdenden Fläche mit Zuckerhut und Endiviensalat eingepflanzt, die an anderer Stelle im Garten vorkultiviert worden sind.

Auf größeren, zusammenhängenden Flächen wird im August bis Anfang September Feldsalat breitwürfig ausgesät. Biologisch wirtschaftende Gärtner schätzen Feldsalat oder Ackersalat einerseits als winterhartes, wohlschmeckendes Salatgemüse und andererseits als Gründüngung, die dem Boden gut tut. Als Gründüngungssaaten zur Nachkultur eignen sich außerdem Phazelia oder Gelbsenf. Die Pflanzen sterben im Winter ab und bleiben als Mulchdecke bis zum Frühjahr liegen. Einziger Nachteil: Sie sind nicht zum Essen da!

PFLANZLISTE FÜR DIE SOMMER- UND HERBSTPFLANZUNG:

1 Kürbis
2 Stangenbohnen
3 Tomaten (unter dem Dachvorstand und in der Reihe davor)
4 Kopfsalat, abwechselnd grün- und rotblättriger
5 Rosenkohl (Starkzehrer, braucht viel Dünger)
6 Blumenkohl (Starkzehrer)
7 Kräuter
8 Pflücksalat
9 Lauch (Porrée)
10 Rettich
11 Kohlrabi
12 Zwiebeln
13 Möhren
14 Erdbeeren
15 Knoblauch
16 Buschbohnen
17 Brokkoli
18 Einlegegurken
19 Kopfsalat und Ringelblumen

Ein Küchengarten am Reiheneckhaus

Ein kleiner Garten muss besonders auf die Bedürfnisse der Besitzer zugeschnitten sein. Wer auf Selbstversorgung Wert legt, möchte von der Fläche möglichst viel Obst und Gemüse ernten. Eine gute räumliche Ausnutzung mit Unterkulturen und Mischkulturen sowie die Ausnutzung der Vertikalen helfen dabei.

Bunt und vielfältig

Der Garten liegt ebenerdig auf einer Höhe mit dem Erdgeschoss des Hauses. Trotz seiner kleinen Grundfläche birgt der Garten eine Vielzahl an Nutz- und Zierpflanzen, jeder kleinste Winkel ist ausgenutzt. Den Platz direkt am Haus nehmen Klettergewächse ein: Ein **Weinstock** 'Boskoops Glorie' hat zusammen mit einer Kletterrose und einer Waldrebe die Südfassade für sich. Die Ostfassade teilen sich eine **Bayernkiwi** 'Weiki', eine Glyzine und eine weitere Kletterrose 'Coral Dawn'. Zwischen den Klettergewächsen stehen Töpfe und Kästen mit Tomaten, Peperoni, Hängeerdbeeren und Ziergewächsen. Unter dem Küchenfenster befindet sich der Wasseranschluss mit einer Wanne darunter, in der sich das Wasser zum Schöpfen mit der Gießkanne erwärmen kann.

Ein schmaler Plattenweg trennt den Streifen direkt am Haus von einer Rabatte mit Kräutern. Es sind hauptsächlich Würzkräuter, die hier in Hausnähe – gut erreichbar auch bei Regenwetter – wachsen: Schnittlauch und andere Lauchgewächse, Sauerampfer, Bergbohnenkraut, Zitronenmelisse, Ysop, Lavendel und Eberraute. Im Sommer stehen in Lücken zwischen den Kräuterstauden Töpfe mit Lorbeer, Rosmarin und Zitronenverbene. An die Kräuterrabatte grenzen die beiden Gemüsebeete an, abgetrennt durch einen schmalen Trittweg.

Die beiden Gemüsebeete sind etwa 1,20 m breit und ca. 5 m lang. Am nördlichen Ende steht jeweils ein Beeren-Hochstämmchen, eine schwarze und eine rote Johannisbeere, unterpflanzt mit Minzen.

Beerenobst-Hochstämmchen oder Säulenobst ermöglichen es, den Raum besonders gut auszunutzen. Sie sollten so stehen, dass der Schatten ihrer Krone nicht auf die Gemüsepflanzen fällt. Denn diese brauchen vollen Lichtgenuss für gutes Gedeihen. Zum Unterpflanzen der Obstgehölze eignen sich Kräuterstauden wie Minzen oder die einjährige Kapuzinerkresse. Wählen Sie bei den Minzen eine Art bzw. Sorte, die nicht allzu stark wuchert und die Sie in der Küche für Tee oder andere Zubereitungen verwerten können. Eine gute und nicht allzu stark wuchernde Tee-Minze ist z. B. die Sorte 'Mitcham's'. Die Apfelminze eignet sich dagegen wegen ihrer starken Ausläuferbildung nicht für kleine Beete.

Die Beetfläche wird hauptsächlich mit Feingemüse wie Tomaten, Paprika, Andenbeere, Salate, Mangold sowie Buschbohnen und Zuckererbsen bestellt. Die Gemüsesaison beginnt Ende März oder Anfang April – je nach Klima und Wetterlage – mit der Aussaat von Pflücksalat. Damit nicht zu viel Salat auf einmal erntereif wird, sät man in Sätzen etwa alle drei Wochen. Dabei nicht eine ganze Reihe belegen, sondern nur einen Teil davon – gut zugänglich am Rand des Beets, damit dieses beim Ernten nicht betreten werden muss. Ab Ende April ist Zeit zum Aussäen der Zuckererbsen. Buschbohnen folgen Mitte Mai; sie werden ebenfalls in Sätzen bis Anfang Juli horstweise direkt an Ort und Stelle gesät. Späte Buschbohnen kann man in die Reihe des bereits geernteten Pflücksalates legen. Die Fruchtgemüse Tomaten, Paprika und Peperoni sowie Andenbeeren werden dagegen im Haus vorgezogen und ab Mitte Mai (nach den Eisheiligen) ins Freiland gepflanzt. Die Gemüse werden jedes Jahr an eine andere Stelle gesät oder gepflanzt, um die Fruchtfolge einzuhalten. Lediglich die Tomaten machen eine Ausnahme; sie kommen jedes Jahr an die gleiche, am besten besonnte Stelle der Beete.

PFLANZLISTE FÜR SOMMER- UND HERBSTPFLANZUNG:

1 Kletterrosen 'Coral Dawn'
2 Kiwi 'Weiki'
3 Strauchrose 'Eden Rose'
4 Johannisbeer-Hochstämmchen 'Ometa' (schwarz) und 'Rovada' (rot)
5 Hängeerdbeere
6 Balkonpflanzen in Töpfen
7 Kapuzinerkresse
8 Buschtomate
9 Lavendel
10 Küchen- und Teekräuter. Eberraute, Zitronenmelisse, Schnittlauch, Gartenthymian, Sauerampfer 'Profusion', Ysop, Bergbohnenkraut
11 Lorbeer im Topf
12 Rosmarin im Topf
13 Winterheckezwiebel
14 Mitcham's Minze
15 Spearmint
16 Tomaten – Stabtomaten, Fleischtomaten und Cocktailtomaten mit roten, gelben, getigerten und fast schwarzen Früchten
17 Salate und Würzkräuter
18 Peperoni 'Fireflame' und 'Pinokkio'
19 Brokkoli
20 Mangold 'White Silver'
21 Endivien und Zuckerhut

Ein Küchengarten mit Rundbeet

Dieses Beispiel für experimentierfreudige Gärtner und Gärtnerinnen weicht durch seine Beetform und durch seine große Grundfläche von anderen Anlagen ab. Gemüse und Kräuter auf dem Rundbeet sowie das Beerenobst am Rand sind zum Pflegen und Ernten gut zugänglich. Bei Brombeerhecken mit ihrem ausladenden, wilden Wuchs ist dies besonders wichtig. Es ist fast wie im Schlaraffenland, in dem einem die Früchte in den Mund wachsen.

Für Küche und Keller

Für diesen Küchengarten an einem neu gebauten Einfamilienhaus wurde der Aushub vom angrenzenden Teich so aufgeschüttet, dass eine erhöhte, ebene Fläche für den Gemüse- und Kräutergarten sowie für etwas Beerenobst entstand. Der Garten liegt etwas abgerückt vom Haus und von den höheren Obstbäumen, sodass er immer gut besonnt ist.

Das Rundbeet hat einen Durchmesser von 6 m. Viel weniger sollte es nicht sein, aber auch nicht viel mehr. Es ist rundherum eingefasst von einem **Schneckenzaun** aus Eisenblech. Zwölf schmale **Trittwege**, die auf die Mitte zulaufen, teilen die Fläche und gliedern das Rund wie die Speichen eines Rades. Die zwölf Gemüsebeete sind jeweils 2 m lang; sie sehen aus wie Tortenstücke und bieten Platz für jeweils bis zu drei Reihen mit Gemüse. In der Mitte ist eine Fläche wie für die Radnabe ausgespart. Hier wächst ein **Teppichthymian**, der beim gelegentlichen Betreten seinen Duft verströmt. Dieses niedrige Duftkraut hat den Vorteil, dass es beim Arbeiten nicht hindert. Die Trittwege, die Fläche in der Mitte und außen um das Rundbeet herum sind mit Rindenmulch oder – je nach Verfügbarkeit – mit Holzhäcksel belegt. Einzelne Würzkräuter begrenzen die Gemüsebeete zur Mitte hin. Sie bilden in sich ebenfalls einen Kreis. Da sie jeweils an der schmalsten Stelle der Beete liegen, sollten es eher kleinwüchsige Arten sein.

Von den ausdauernden Gewächsen bieten sich an: ein oder mehrere Schnittlauchstöcke, Winterheckezwiebel, Pimpinelle (= Kleiner Wiesenknopf) und Sauerampfer; von den ein- und zweijährigen Kräutern: Petersilie, Kerbel, Majoran und Basilikum. Borretsch, Ringelblumen, Dill und Kapuzinerkresse kommen an manchen Stellen von alleine und setzen hübsche Farbtupfer. Höhere Kräuter werfen Schatten und brauchen Platz. Sie stehen am äußeren Rand auf der Nordseite des Rundbeets.

Auf den Beeten stehen die Gemüse in **Mischkultur** mit einer zentralen Kultur wie Tomaten oder Zuckererbsen und einer Nebenkultur wie Radieschen oder Salat, soweit der Platz dafür ausreicht. Es empfiehlt sich auf jeden Fall immer, einen Plan zu machen und von Jahr zu Jahr mit den Kulturen weiterzurücken, damit die **Fruchtfolge** eingehalten werden kann. Eine **Mulchschicht** aus abgehacktem Spinat, Häckselmaterial oder Stroh sorgt dafür, dass der Boden nicht austrocknet und locker bleibt.

Im weiteren Abstand um das Rundbeet stehen Beerensträucher (Jostabeere und Stachelbeeren) sowie ausdauernde Kräuter, die viel Platz brauchen, wie Eibisch, Alant, Wermut, Beifuß, Liebstöckel und Gewürzfenchel.

An der Grenze zum Nachbargrundstück erstreckt sich ein **Brombeerspalier**, das von beiden Seiten zugänglich ist. Der geräumige **Kompostplatz** mit zwei Kompostlegen (siehe Seite 35) aus Holz ist im Schutz eines **Holunders** angelegt. Eine frei wachsende **Wildstrauchhecke** mit Haselnuss-Sträuchern, Hartriegel, Wildrosen und Liguster grenzt das Gartenareal zur benachbarten Wiese hin ab.

PFLANZLISTE FÜR SOMMER- UND HERBSTPFLANZUNG (jeweils Gemüse und Kräuter):

1 Erdbeeren/Zwiebeln – Winterheckezwiebel

2 Tomaten (Vorkultur Rucola) – Petersilie

3 Brokkoli/Pflücksalat – Borretsch

4 Lauch (Porree), vorher Salat – Sauerampfer

5 Grünkohl – Kapuzinerkresse

6 Erdbeeren/Knoblauch – Schnittlauch

7 Einlegegurken in Mischkultur mit Salat – Dill

8 Knollenfenchel/Rote Bete – Pimpinelle

9 Tomaten (Vorkultur Spinat) – Basilikum

10 Zuckererbsen (Nachkultur Endivien) – Kerbel

11 Mangold/Rote Bete – Majoran

12 Buschbohnen/Rettich (als Nachkultur Zuckerhut) – Bohnenkraut

13 Teppichthymian

14 Holunder als Bäumchen

15 Brombeere 'Theodor Reimers' am Spalier

16 Jostabeere als Busch

17 Stachelbeeren als Busch: 'Invicta' (gelb) und 'Rokula' (rot)

Ein Küchengarten in Töpfen auf der Terrasse oder dem Balkon

Gärtnern auf dem Balkon wird immer beliebter. Vielen Menschen ist es ein Grundbedürfnis, der Natur über das Pflegen von Lebendigem nahe zu sein. Nutz- und Zierpflanzen in Kästen und Kübeln bieten da reichlich Betätigungsmöglichkeiten. An ihnen kann man den Wechsel der Jahreszeiten beobachten. Und eine Ernte gibt es dazu!

Obst zum Naschen

Dieser Entwurf eignet sich für eine größere ebenerdige Terrasse oder für einen geräumigen Balkon. Ein Teil der Terrasse ist überdacht; so finden die regenempfindlichen Gemüse hier einen geschützten Platz. Vor allem die Tomaten wollen es von oben trocken haben. Und Paprika und Peperoni mögen es sehr warm. Von einem Wasseranschluss aus werden die Pflanzen in den Gefäßen automatisch mit Wasser versorgt. Diese Bewässerungsanlage lässt sich mit Hilfe eines Mini-Computers steuern, sodass die Gewächse immer genügend Wasser bekommen und auch während des Urlaubs gut versorgt sind. Es geht auch ohne Bewässerungsanlage. Dann sollte immer eine Gießkanne bereit stehen, in der sich das Wasser erwärmen kann. (Zu heiß darf es aber auch nicht werden.)

Ein **Weinstock** steht am Rand der Terrasse im Erdreich. Er wurde zunächst senkrecht nach oben geleitet und dann waagerecht am darüber liegenden Balkon entlang, sodass eine Art **Pergola** entstanden ist. Auf der Terrasse sitzend, kommt man sich vor wie im Süden.

Ein paar **Säulenobst-Bäumchen** bereichern das Obstsortiment. Die zwei Apfelbäumchen, die Birne und die Zwetschge stehen in größeren **Pflanzkübeln** und bleiben das ganze Jahr über draußen. Die Töpfe werden im Winter zusammengerückt und mit Matten, Säcken oder Vlies vor Frost und wechselnden Temperaturen geschützt.

Ein wenig Beerenobst kommt hinzu: Immertragende **Hängeerdbeeren** und eine **Kulturheidelbeere**, beide gedeihen in Töpfen hervorragend und tragen viele Früchte. Sie können den Winter im Freien verbringen. Wer noch mehr Obst von der Terrasse ernten möchte und im Haus Platz zum Überwintern hat, kann zusätzlich eine **Feige** und **Zitrusbäumchen** aufstellen. Sogar **Johannisbeeren**, **Stachelbeeren**, **Kornelkirschen** und **Weinreben** lassen sich in großen Kübeln kultivieren. Für diese Nutzpflanzen wählt man am besten leichte terrakottafarbene Plastikkübel. Mit Hilfe so genannter Kübelroller (das sind Untersetzer mit Rollen) lassen sich die Gefäße leicht an eine andere Stelle verrücken.

Ein Sortiment an **Tee- und Duftkräutern** wächst ebenfalls in größeren Kästen heran. Salbei und Lavendel teilen sich ein Pflanzgefäß. Ein paar Sorten Minzen stehen in einem anderen Gefäß für sich; mit ihrem wuchernden Wuchs würden sie die anderen Kräuter bedrängen. Zitronenmelisse gesellt sich dazu. Die Töpfe und Kübel mit diesen frostharten ausdauernden **Kräuterstauden** und **Halbsträuchern** bleiben im Winter draußen. Günstig ist es, wenn sie zusammengerückt in einer schattigen Ecke stehen, damit die **Wurzelballen** nicht durchfrieren und stark wechselnden Temperaturen ausgesetzt sind.

Anders ist es bei Rosmarin, Lorbeer und Zitronenverbene. Diese Kräuter-Halbsträucher bzw. Gehölze sind nicht ausreichend frosthart. Sie werden deshalb im Winter ins Haus geholt. Den Sommer über bereichern und verschönern einjährige Küchenkräuter oder Sommerblumen Terrasse und Balkon.

PFLANZENLISTE:

1 Weinrebe ‘Boskoops Glorie’
2 Säulenapfel ‘Red River’ und ‘Spurkoop’
3 Säulenbirne ‘Concorde’
4 Kulturheidelbeere ‘Sunshine Blue’
5 Säulenzwetschge ‘Geisenheimer Top’
6 Feige
7 Hängeerdbeere
8 Zitronenverbene
9 Minzen, z. B. ‘Ananasminze’ und ‘Mitcham’s’
10 Lavendel
11 Petersilie, z. B. ‘Mooskrause’
12 Basilikum, verschiedene Sorten, z. B. ‘Genoveser’
13 Gartensalbei
14 Tomaten in Kübeln, z. B. ‘Picolino’ und ‘Yellow Pearshaped’

Anbaupraxis

Bodenpflege – solide Grundlage für gesundes Wachstum

Der Boden sollte im Idealfall von krümeliger Struktur, also locker und gut zu bearbeiten sein und das richtige Maß an Nährstoffen enthalten. In alten, seit langem kultivierten Gärten findet man solche Verhältnisse manchmal vor. In neu angelegten Gärten muss man in der Regel erst an der Bodenqualität arbeiten.

■ Auf diesem Mischkulturbeet dient abgehackter Spinat als Mulchdecke zwischen den Gemüsereihen.

Böden verbessern

Bis zu einem gewissen Grad kann man die negativen Seiten von Böden ausgleichen. Sandige Böden lassen sich durch Zugabe von **Tonmehlen** verbessern. Sie sind dann in der Lage, mehr Wasser zu speichern. Parallel dazu muss man versuchen, den Humusgehalt zu erhöhen. Das gelingt im Laufe vieler Jahre durch organische Düngung sowie durch Gründüngung und konsequentes Mulchen. **Humus** ist auch die Zauberformel für schwere Böden. Humus sorgt für Ausgleich in allen Böden. Er wirkt wie ein Schwamm, speichert Wasser und Nährstoffe. Parallel dazu kann man sehr schwere Böden mit Sand verbessern. Dafür sind allerdings ganze Wagenladungen voll Sand nötig – dies kann ein sinnvoller Aufwand bei Gärten mit sehr schwierigen Bodenverhältnissen sein, die neu angelegt werden.

Bodenreaktion

Als Gartenbesitzer sollte man über den **pH-Wert** des Bodens Bescheid wissen. Am günstigsten ist es, wenn er in einem neutralen Bereich um den Wert 7 liegt. Eine Bodenuntersuchung, die man selbst leicht machen kann, gibt darüber Aufschluss. Danach, wie das Ergebnis ausfällt, richtet sich die Auswahl der Gehölze. Es ist zum Beispiel nur dann sinnvoll, Heidelbeeren oder Preiselbeeren anbauen zu wollen, wenn der Boden einen niedrigen pH-Wert von ca. 5 aufweist.

Eine Mulchdecke schützt

Mulchen ist das A und O beim biologischen Gärtnern. Es ist besonders wirksam bei leichten Böden und wirkt ausgleichend auch auf schweren Böden. Mulchen heißt den Boden bedecken. Einerseits schützt die Mulchdecke vor starken Regengüssen und damit vor dem Verschlämmen des Bodens. Das Wasser sickert nur allmählich in den Boden ein.

Andererseits verdunstet das Wasser unter einer Mulchschicht nicht so schnell. Es hilft also indirekt Wasser sparen. Im Frühjahr genügt eine dünne Mulchschicht. Im Sommer ist das Mulchen bei Tomaten und bei Beerensträuchern besonders wichtig. In schneckenreichen Gärten muss man abwägen und beobachten, ob das Mulchen sinnvoll ist; denn unter der Mulchdecke im feuchten Milieu halten sich die Schnecken besonders gut.

Materialien zum Mulchen:
Die verschiedensten Materialien können zum Mulchen verwendet werden.

- Ideal sind **zarte Blätter von Spinat oder von Brennnesseln**. Die Blätter verrotten schnell beziehungsweise werden von Regenwürmern und anderen Bodenorganismen in den Boden gezogen und gefressen.

- Weiter eignen sich: **die großen Blätter von Beinwell und Rhabarber**, jeweils etwas zerkleinert, Blätter von Salat und anderem Gemüse, angewelkter Rasenschnitt mit wenig Samen von Gräsern und Kräutern. Mulchen Sie dabei möglichst dünn; besonders bei **Rasenschnitt** besteht die Gefahr, dass die Halme verkleben und eine undurchdringliche Schicht entsteht. Bei Sandboden kann mehr aufliegen als auf schwerem Boden.

- **Stroh** ist ebenfalls ein gutes Mulchmaterial, aber nicht auf den Gemüsebeeten, sondern bei Erdbeeren und Beerenobst, eventuell auch bei Tomaten. Stroh verrottet nur schwer und bindet Stickstoff. Damit es bei starkem Wind nicht verweht wird, sollte man es vor dem Ausbringen befeuchten, am besten mit verdünnter Brennnesselbrühe, die zusätzlich verrottungsfördernden Stickstoff liefert.

- **Rindenschrot** ist seit vielen Jahren als Mulchmaterial beliebt und ideal unter Gehölzen, unter Ziersträuchern und Rosen, auch als Wegbelag. Frisches Material aus dem Wald enthält noch Gerbstoffe und andere Substanzen, die Pflanzen in der Nachbarschaft schaden können. Deshalb möglichst nicht bei frisch gepflanzten Sträuchern oder Rosen ausbringen. Ganz ähnlich ist Häckselmaterial von Strauchwerk im Garten. Es lässt sich ebenfalls unter

Stroh ist eine ideale Mulchdecke für Erdbeeren und Beerenobstarten.

Rindenmulch unterdrückt Wildkräuter.

Unter Mulchpapier (oder Mulchvlies), das im Erwerbsanbau gebräuchlich ist, bleibt der Boden feucht.

Sträuchern ausbringen oder als Wegebelag, auf dem sich angenehm federnd gehen lässt. Diese Materialien haben den sehr positiven Effekt, dass sie ganz nebenbei Wildkräuter unterdrücken.

- Als Mulchmaterialien bieten sich übrigens auch **Zeitungspapier und Pappe** sowie **Vlies** und **Folie** an. Tun Sie es findigen Gärtnern nach und legen Sie Pappe zwischen die Beerensträucher. So lassen sich recht effektiv lästige Wurzelunkräuter wie die Ackerwinde unterdrücken. Damit das Ganze aufgeräumt und gefällig aussieht, legen Sie noch Stroh darüber.

Im Erwerbsgemüsebau und bei Erdbeeren ist der Einsatz von Vlies oder Folie schon lange üblich. Das meist schwarze Vlies wird in Bahnen verlegt. Die Gemüse- oder Erdbeersetzlinge werden in die kreuzweise angebrachten Schlitze gesetzt. Dieses Verfahren bietet mehrere Vorteile: Unkrautunterdrückung, gute Erwärmung unter dem schwarzen Material und ausgeglichener Feuchtigkeitshaushalt im Boden, da das Wasser nicht so schnell verdunstet.

Hacken hilft Wasser sparen

Einem alten Gärtnersprichwort zufolge bewirkt einmal hacken so viel wie einmal gießen. Das Hacken ist auch im biologisch bewirtschafteten Garten ungemein wichtig, vor allem dann, wenn nicht oder wenig gemulcht wird. Hacken spart tatsächlich Wasser. Nach einem Regen muss der Boden an der Oberfläche bearbeitet werden, dann werden die »Wasserleitungsbahnen« im Boden, die so genannten Kapillaren, unterbrochen, das Wasser bleibt im Boden und verdunstet nicht so schnell. Nur die gelockerte oberste Schicht trocknet aus, die Schicht darunter bleibt jedoch feucht. Es ist übrigens sehr sinnvoll, vor dem Auflegen des Mulchmaterials zu hacken.

Der Boden zwischen den Gemüsekulturen muss laufend oberflächlich gelockert werden. Nach einem Regenguss ist das Hacken besonders wichtig, damit eine gute Struktur erhalten bleibt.

Nehmen Sie am besten eine leichte Hacke. Das kann eine Schlaghacke, eine Ziehhacke oder eine Pendelhacke sein. Zum oberflächlichen Lockern des Bodens eignen sich auch Grubber, Sauzahn oder Kultivator. Welches Gerät man wählt, hängt von persönlichen Vorlieben und auch von der Bodenart (siehe unten) ab. Beim Hacken wird übrigens zugleich Unkraut abgehackt und verschüttet.

Richtig wässern

Wie oft und wie viel man gießen muss, hängt von der Bodenart ab. Es gibt Sandboden, Lehmboden, Tonboden und viele Zwischenstufen, je nach der Zusammensetzung aus Stein bzw. Kies, Sand, Schluff, Tonmineralien und Humusbestandteilen. Auf Sandböden versickert das Wasser ziemlich schnell; diese können nur wenig Wasser in ihren Hohlräumen speichern. Lehmböden nehmen mehr Wasser auf und geben es dosiert wieder ab. In den feinen Poren der Tonböden bleibt das Wasser lange haften. Am besten ist es, wenn ein Boden aus verschiedenen Bestandteilen zusammengesetzt ist; dann gibt es verschieden große Hohlräume, so dass einerseits überschüssiges Wasser gut abfließen kann und andererseits in den feineren Poren ausreichend Wasser gespeichert bleibt, das die Pflanzenwurzeln aufsaugen können. Ziel ist es in jedem Fall, für einen ausgeglichenen Feuchtigkeitshaushalt im Boden zu sorgen. Und dazu tragen neben der Verbesserung der Wasserhaltefähigkeit des Bodens selbst auch das Hacken und Mulchen wesentlich bei.

In regenreichen Sommern reicht der natürliche Niederschlag zur Wasserversorgung unter Umständen fast aus. In trockenen Sommern muss man wässern – mit der altbewährten Gießkanne oder eventuell mit einer automatischen Bewässerungsanlage (s. S. 32/33). Gartenschlauch oder Sprenger eignen sich nicht zum Bewässern im Gemüsegarten.

Bei Topfpflanzen, die nur wenig Wurzelraum haben und bei denen das Pflanzsubstrat schnell austrocknet, ist regelmäßige Wasserversorgung besonders wichtig. An heißen Sommertagen kann es nötig sein, mehrmals zu gießen. Für einen gewissen Wasservorrat sorgen die Untersetzer, in denen zunächst überschüssiges Wasser aufgefangen wird. Zu viel Wasser darf man den Topfpflanzen auch nicht geben. Wenn zum Beispiel Zitrusbäumchen zu lange mit den Füßen im Wasser stehen, schadet ihnen das sehr. Beim Gießen gelten **drei wichtige Grundregeln:**

- **Lieber alle zwei bis drei Tage viel gießen** – etwa eine Gießkanne voll pro Quadratmeter – **als jeden Tag nur oberflächlich**.
- **Nie in der Mittagshitze bei prallem Sonnenschein gießen, sondern morgens oder abends**. Bei sehr großer Hitze im Hochsommer auch abends gießen, möglichst so, dass die Feuchtigkeit bis zur Nacht wieder abtrocknet.
- **Möglichst nicht über die Pflanzen gießen, sondern direkt in den Wurzelbereich**. So verdunstet weniger Wasser, und die Gefahr, dass sich durch das Benetzen mit Wasser Pilzkrankheiten ausbreiten, ist geringer.

Mit der Gießkanne kann man gezielt in den Wurzelbereich der Pflanzen gießen ohne das Laub zu befeuchten.

Düngung und Nährstoffversorgung

Damit die Gemüse im Garten gesund und kräftig heranwachsen, müssen genügend Nährstoffe vorhanden sein. Die wichtigsten Nährstoffquellen und Dünger im biologisch bewirtschafteten Garten sind Kompost, Pflanzenjauchen und organische Handelsdünger. Langfristig lässt sich durch organischen Dünger der Humusgehalt im Boden erhöhen.

■ So wirkt Stickstoff: Die Tomate links ist optimal versorgt; die rechte Pflanze erhält zu wenig von diesem Nährstoff.

Ernährung

Wer einen Garten bewirtschaftet, sollte in etwa wissen, welche Nährstoffe die Pflanzen brauchen. Die wichtigsten sind Stickstoff, Phosphor, Kalium, Magnesium, Kalzium und Schwefel. In etwas geringerer Konzentration brauchen die Gewächse Eisen, Mangan, Zink, Kupfer, Chlor, Bor und Molybdän sowie weitere Mineralstoffe.

Besonderes Augenmerk verdient die **Stickstoffversorgung**. Bei einem Zuviel an Stickstoff färben sich die Blätter dunkelgrün, bei zu wenig kümmern die Pflanzen, die älteren Blätter vergilben und sterben schließlich ab. Das kann man bei sehr nährstoffbedürftigen Gemüsen, den so genannten Starkzehrern, wie Kohl oder Tomaten, oft beobachten. Kaliummangel macht sich mit Blattrandnekrosen (Braunfärbungen an Blatträndern und Blattspitzen) bemerkbar. Eisenmangel – häufig bei Zitrusgewächsen zu beobachten –, erkennt man an einer Aufhellung zwischen den Blattadern (»**Chlorose**«).

In aller Regel sind die Gartenböden in Deutschland sehr gut mit Nährstoffen versorgt. Es ist jedoch sinnvoll, eine **Bodenuntersuchung** machen zu lassen, wenn man einen Garten neu übernimmt und man noch kein Gespür für den vorhandenen Standort entwickelt hat.

Generell kann man sagen, dass **sandige, leichte Böden** relativ **nährstoffarm** sind. Ohne Düngung bleiben Pflanzen auf solchen Beeten mickrig. **Lehmige, schwere Böden** liefern dagegen **reichlich Nährstoffe**, sodass sich die Gemüse gut entwickeln können. Bei sandigen Böden muss man versuchen, die Bindefähigkeit zu erhöhen und den Humusgehalt zu steigern. Bei schweren Böden kommt es darauf an, die Nährstoffe in eine Form zu bringen, dass die Pflanzen sie aufnehmen können. Das geschieht indirekt durch die Förderung der Bodenlebewesen über Gründüngung und Mulchen und durch schonende Bearbeitung. Schwere Böden kann man durch Einarbeiten von Sand durchlässiger machen und so durch bessere Belüftung die Umsetzungsprozesse steigern.

Dünger für den Garten

Kompost: Der wichtigste Dünger für den Hausgarten ist und bleibt der Kompost. Er enthält eine relativ ausgewogene Mischung von Nährstoffen. »Kompost« ist zunächst nur ein Überbegriff: Er kann aus pflanzlichen Materialien oder aus tierischen Exkrementen wie zum Beispiel **Mist** entstehen oder aus einer Mischung der Komponenten. **Kompost** kann **angerottet**, **halb verrottet** oder **reif** sein. Je nach Reifegrad wird er unterschiedlich eingesetzt. Angerotteter oder halb verrotteter Kompost eignet sich gut zum Mulchen, also zum Bodenbedecken, zum Beispiel bei Tomaten oder Kohl. Empfindliche Gemüse wie Möhren vertragen solchen Kompost dagegen nicht. Als grobe Faustregel gilt: Man gibt im Gemüsegarten pro Quadratmeter und Jahr etwa einen Eimer voll reifen Kompost (ca. 10 kg) und arbeitet ihn mit der Hacke bzw. mit Grubber, Krail oder Kultivator oberflächlich ein. Graben Sie ihn nicht unter.

Pflanzenjauche: Ebenfalls sehr wichtig sind pflanzliche Jauchen. Die wichtigsten Zutaten dafür sind **Brennnesseln** und/oder **Comfreyblätter (= Beinwell)**. Die grob zerkleinerten Pflanzen werden in Eimern oder Kübeln mit Wasser übergossen (etwa 1 kg Pflanzenmaterial auf 10 l Wasser); bei warmem Wetter setzt der Vergärungsprozess schnell ein. In dieser Phase riecht die Jauche unangenehm. Durch Überstäuben mit Steinmehl oder Tonmehl lässt sich der Geruch abmildern. Nach ein bis zwei Wochen ist die Jauche fertig. Mit ihr lässt sich ein Stickstoffmangel an Gemüsen schnell beheben. Pflanzenjauche wird immer mit Wasser 1:10 verdünnt angewandt und dann direkt auf den Boden gegossen.

■ Krümeliger Kompost ist der wichtigste Dünger im Hausgarten und zugleich Bodenverbesserer.

■ Aus Brennnesseln, die man in Wasser ansetzt, entsteht schnell eine wirksame Düngejauche.

Organische Handelsdünger: Sie eignen sich für Gartenbesitzer mit kleiner Grundfläche, die (noch) keinen Kompost zur Verfügung haben. Der Handel bietet speziell zusammengesetzte Dünger für Tomaten, für Rosen, für Gehölze oder für den Rasen an. Diese unterscheiden sich im Wesentlichen im Stickstoff- und im Phosphatgehalt. Stickstoff fördert das allgemeine Wachstum, Phosphat die Blühfähigkeit.

Hornmehl, Horngrieß, Hornspäne: Sie sind reich an Stickstoff. In den gröberen Produkten werden die Nährstoffe nach und nach freigesetzt. Das heißt, sie wirken nicht sofort wie die Jauchen, sondern erst mit zeitlicher Verzögerung, wobei auch die Temperatur eine Rolle mitspielt. Man gibt Hornmehl oder Horngrieß gezielt zu stark zehrenden Kulturen wie Tomaten oder Kohl.

■ **Kalk beeinflusst die Bodenreaktion. Streuen Sie den Kalk auf unbewachsenen Boden oder über den Kompost.**

Kaliumdünger: Auf leichten Böden und im biologischen Anbau ohne tierische Düngemittel mangelt es manchmal an Kalium. Kalium lässt sich in Form von Holzasche oder als Kalimagnesia aufs Beet oder in den Kompost geben. Auch Comfreyblätter und daraus hergestellte Jauche enthalten relativ viel Kalium.

Algenkalk: Er dient zugleich der Versorgung mit Mineralstoffen und mit Kalk. Zum Kalken kann man auch kohlensauren Düngekalk verwenden.

Steinmehl und Tonmehl: Stein- und Tonmehle sind ebenfalls mineralstoffreich. Sie dienen aber eher der Bodenverbesserung als der Düngung. Tonmehl macht leichte Böden bindiger, sodass die Nährstoffe besser haften bleiben.

Gründüngung

Die Gründüngung ist eine wichtige Methode im biologischen Gartenbau. Der Begriff »Gründüngung« ist etwas irreführend. Die grüne oder bunte Decke dient nämlich weniger der direkten Düngung als der **Bodenpflege**. Unter der grünen Decke hält sich die Feuchtigkeit im Boden, und die Struktur bleibt erhalten. Außerdem kommt mit der Gründüngung organische Substanz in den Boden, aus der die Bodenlebewesen nach und nach Humus aufbauen können. Die Gründüngungspflanzen schließen mit ihrem mehr oder weniger tief reichenden Wurzelwerk den Boden gut auf, lockern ihn dadurch und setzen Nährstoffe frei.

Einige Gründüngungsarten aus der Gruppe der **Schmetterlingsblütler,** wie Wicke, Lupine und Ackerbohne, düngen den Boden tatsächlich. Sie reichern mit Hilfe der Knöllchenbakterien Stickstoff aus der Luft im Boden an. Dieser wichtigste Nährstoff steht dann wiederum den nachfolgenden Kulturen oder den Nachbarkulturen zur Verfügung.

Eine Gründüngung kann man als Lückenfüller aussäen oder ganz gezielt, wenn ein Stück Land in Kultur genommen werden soll oder wenn momentan kein Bedarf da ist. Auf jeden Fall tut eine Gründüngung dem Boden gut und beugt Fruchtfolgeschäden vor. Die meisten Gründüngungsarten, die im Herbst ausgesät werden, sterben im Winter ab. Das abgefrorene Pflanzenmaterial bleibt über den Winter auf dem Boden liegen. Es verrottet weiter und wird im Frühjahr vor der Bodenbearbeitung weggeharkt. Phazelia verträgt Frost bis etwa –8 °C und kann in milden Wintern auf dem Beet überdauern.

Die wichtigsten Gründüngungspflanzen:

- **Gelbsenf** *(Sinapis alba):* Die Aussaat erfolgt im März/April und ab August, als Vorkultur und Nachkultur. Nicht im Sommer säen, da er schnell in Blüte geht und dann nutzlos ist als Gründüngungspflanze.
- **Ölrettich** *(Raphanus sativus):* Er wurzelt tief, schließt den Boden auf und ist gut bei Garten-Neuanlagen.
- **Buchweizen** *(Fagopyrum esculentum):* Er gehört zur Familie der Knöterichgewächse und tut dem Boden gut, flächendeckende Aussaat.
- **Büschelschön, Phazelia** *(Phacelia tanacetifolia):* Die Aussaat erfolgt von April bis August, flächendeckend.
- **Lupinen** *(Lupinus angustifolius):* Sie gehören zur Gruppe der Schmetterlingsblütler und reichern den Boden mit Stickstoff an. Sie sind ideal für leichte Böden. Die flächige Aussaat erfolgt im April oder Juni bis Mitte Juli.
- **Ackerbohnen** *(Vicia faba):* Der Schmetterlingsblütler reichert den Boden mit Stickstoff an. Die Aussaat erfolgt reihenweise oder auf der Fläche, ab März/April bis August.

Buchweizen eignet sich als Gründüngungssaat für leichte Böden. Er wird breitwürfig gesät.

Phazelia ist eine der beliebtesten Gründüngungspflanzen und eine sehr gute Bienenweide dazu.

Fruchtfolge und Mischkultur

Die Fruchtfolge ist ein bewährtes System, das dabei hilft, auf Dauer Pflanzenbau betreiben zu können. Aus Erfahrung wissen Landwirte und Gärtner, dass man dieselbe Pflanzenart nicht öfter hintereinander an der selben Stelle anbauen darf, weil sie den Boden einseitig auslaugt und gleichzeitig schädliche Stoffe in den Boden ausscheidet.

Die klassische Mischkultur mit Steckzwiebeln (auch mit Lauch/ Porree oder Knoblauch) und Möhren.

Weite Fruchtfolge einhalten

Eine gute Fruchtfolge ist die Basis für erfolgreichen Pflanzenbau. Die Vierfelderwirtschaft aus dem Ackerbau, wobei die Kulturen jedes Jahr um ein Feld weiterrücken, lässt sich auch auf den Hausgarten übertragen.

Altem Erfahrungswissen zufolge sollte man eine Kultur erst nach einer Anbaupause von drei bis vier Jahren erneut auf dasselbe Beet oder in dieselbe Reihe pflanzen. Sind schon Fruchtfolgeschäden aufgetreten, ist sogar eine längere Anbaupause nötig.

Eine typische Fruchtfolgekrankheit ist die **Rettichschwärze** an Rettich und Radieschen, die auftritt, wenn die Gemüse zu oft hintereinander auf einem Beet angebaut werden. Ein Fruchtfolgeschaden ist auch das **Gelbwerden** der Petersilie.

Eine der wenigen Gemüsearten, die mit sich selbst verträglich ist, ist die Tomate. Bei längerem Anbau am gleichen Platz, etwa im Gewächshaus, reichern sich jedoch auch bei dieser Art im Boden schädliche **Wurzelälchen** (**Nematoden**) an. Diese mikroskopisch kleinen Organismen vermehren sich im Wurzelbereich und bewirken, dass die Pflanzen nur noch kümmerlich wachsen. Dies kann auch bei Obstgehölzen und bei Rosen geschehen.

Mit Mischkulturen experimentieren

In enger Verbindung zur Fruchtfolge steht die Mischkultur. Sie nutzt die Beobachtung vieler Gärtner, dass sich Pflanzen gegenseitig in ihrer Entwicklung fördern oder hemmen können. Verantwortlich dafür sind Ausscheidungen der Pflanzen in die Luft und in den Boden. Diese Ausdünstungen sind auch in der Lage, Schädlinge zu verwirren bzw. sie vom Aufsuchen der Pflanzen abzuhalten. So sorgen sie für einen natürlichen Schutz. Ein weiterer Effekt der Mischkultur ist, dass die Mischkulturpartner den Raum oberirdisch mit ihren Pflanzen und unterirdisch mit ihren Wurzeln gut ausnutzen und sich ergänzen.

Die Biogärtnerin Gertrud Franck hat über Jahrzehnte Mischkulturen ausprobiert, ihre Beobachtungen aufgeschrieben und daraus hat sie ihr Mischkultursystem mit durchgehender Reihenkultur und Vorsaaten aus Spinat, mit Hauptkulturen und Nebenkulturen etc. entwickelt. Es ist ein durchdachtes System, das vielen Gartenbesitzern aber ein wenig kompliziert erscheint.

Heute versuchen Gartenbesitzer eher, einzelne Pflanzenarten miteinander zu kombinieren, die sich gegenseitig fördern. Dazu kursieren **Mischkulturtabellen**.

Halten Sie sich nicht zu strikt an diese Tabellen und erwarten Sie nicht zu viel von einer Mischkulturwirkung. Viel wichtiger ist es, die Gewächse ihren Ansprüchen entsprechend zu kultivieren, sodass sie gesund heranwachsen können.

Die folgenden günstigen und ungünstigen Mischkulturpaarungen sollten Sie sich jedoch merken:

■ Günstige Kombinationen:
Salat/Radieschen, Salat/Kohlrabi (gut auch in der Reihe kombiniert gepflanzt), Salat/Gurken, Kohlgemüse/Sellerie (gut auch in der Reihe kombiniert gepflanzt), Kohlgemüse/Erbsen, Kohlgemüse/Bohnen, Kohlgemüse/Rote Bete, Tomaten/Sellerie (gut auch in der Reihe kombiniert gepflanzt), Tomaten/Petersilie, Möhren/Zwiebeln, Möhren/Lauch.

■ Ungünstige Kombinationen:
Erbsen/Zwiebeln, Bohnen/Zwiebeln bzw. Lauch oder Knoblauch, Kohl/Zwiebeln, Tomaten/Rotkraut, Tomaten/Rote Bete, Kartoffeln/Zwiebeln, Petersilie/Kopfsalat.

■ **Höhere und niedrige Gemüse und Kräuter wechseln sich bei den Mischkultur-Kombinationen sinnvoll ab. Hier gehen rotstieliger Mangold und Salat eine dekorative und nützliche Gesellschaft ein.**

Schädlinge und Krankheiten

Es kann natürlich trotz aller sorgsamen Pflege vorkommen, dass sich dennoch Schädlinge und Krankheiten ausbreiten. Oft werden die Lästlinge durch Witterungsextreme – durch lange Feuchtperioden oder aber durch Hitze – begünstigt.

Die wichtigsten Schädlinge

Im Gemüse- und Kräuteranbau sind nach Meinung vieler Gartenbesitzer Nacktschnecken die schlimmsten Schädlinge. Andere beklagen sich über Blattläuse, Weiße Fliege, diverse Gemüsefliegen oder Schmetterlingsraupen von Lauchmotte oder Kohlweißling. Drahtwürmer und Maulwurfsgrillen, die an den Wurzeln von Salat und anderem Gemüse fressen, bereiten in manchen Gärten große Probleme, sind aber insgesamt nicht so häufig. Im Obstbau kann es mit Frostspanner, Blattläusen, Blutläusen, Schildläusen und Spinnmilben Probleme geben. In manchen Gärten richten Kaninchen, Wühlmäuse oder Amseln erhebliche Schäden an.

Gefräßige Nacktschnecken wie diese Spanische Wegschnecke bevorzugen zarte Pflanzenteile.

Schnecken – was tun?

Nacktschnecken gelten als eines der größten Probleme der Hobbygärtner. Es sind hauptsächlich die großen gefräßigen Wegschnecken (braunrot oder schwarz) und die kleinen schwarzen Ackerschnecken, die alle zarten Pflanzenteile abraspeln. Das Problem ist nicht jedes Jahr gleich groß: Bei Trockenheit zeigen sich die Schnecken kaum. Feuchtigkeit fördert die Weichtiere. Wenn es ganz schlimm ist, fressen die Tiere sogar am Zwiebellaub oder an reifen Tomaten.

Es gibt drei Möglichkeiten, mit den Tieren umzugehen:

1. **Die Schnecken vom Zuwandern auf die Beete abhalten,** z. B. mit Schneckenzäunen aus Eisenblech oder mit Hilfe von Vergrämungsmitteln.

2. **Die Schnecken regelmäßig absammeln.** Ein günstiger Zeitpunkt ist am Abend; dann kriechen die Tiere aus den Bodenspalten und verlassen geschützte Plätze unter Brettern oder Mulch.

3. **Die Schnecken auf dem Beet vernichten.** Seit einiger Zeit ist ein ökologisch unbedenkliches Mittel gegen Schnecken auf dem Markt, ein Präparat auf der Basis von Eisen-3-Phosphat, das auf den Beeten ausgestreut wird. Eine Sonderform sind die **Bierfal-len**, die mit dem Geruch des Biers die Tiere in die tödliche Falle locken.

Blattläuse und ihre Feinde

Wenn Blattläuse sich ausbreiten, warten Sie am besten zunächst einfach ab, was geschieht. Oft regelt sich der Blattlausbefall von selbst, weil Marienkäfer und deren Larven oder Florfliegenlarven anfangen, die Blattläuse zu fressen.

Eine ganze Reihe nützlicher Insekten tun im Garten ihr Werk. Schwebfliegen umschwirren die Doldenblüten des Bärenklaus, des Dills, der Petersilie und anderer verwandter Arten. Manche Schwebfliegen-Arten sehen mit ihrer schwarzgelben Bänderung auf dem abgesetzten Hinterleib Wespen zum Verwechseln ähnlich. Man erkennt sie aber leicht an ihrem Flug, bei dem sie immer eine Zeitlang über den Blüten schweben. Sie ernähren sich vom Blütennektar. Die den Schnecken ähnelnden, fast durchscheinenden Larven des Insekts ernähren sich von Blattläusen.

Es ist tatsächlich gelungen, Salatsorten zu züchten, die resistent sind gegen die Grüne Salatblattlaus.

Drahtwürmer im Boden

Wenn ein einzelner Salatkopf plötzlich anfängt zu welken, ist das ein ziemlich eindeutiger Hinweis darauf, dass ein Drahtwurm an der Wurzel frisst. Dann muss man die Wurzel freilegen bzw. den Salatkopf herausreißen und nach dem »Wurm« suchen. Der Drahtwurm ist die **Larve des Schnellkäfers**, die viele Jahre im Boden ihr Unwesen treibt, bis sie sich verpuppt und zum ausgewachsenen Käfer verwandelt. Drahtwürmer finden sich oft, wenn ein Garten neu angelegt worden ist. Sie werden auch mit Pferdemist und Schafmist eingeschleppt. Man muss die drahtigen »Würmer« sorgfältig herauslesen und zerdrücken.

Wühlmäuse und Kaninchen

Gott sei Dank bleiben die meisten Gartenbesitzer von diesen Lästlingen verschont. Doch wer mit ihnen konfrontiert ist, sinnt auf Abhilfe. Letztendlich hilft nichts anderes, als die Wühlmäuse in geschickt aufgestellten Fallen zu fangen. Kaninchen kann man durch feines Drahtgeflecht bis zu einem gewissen Grad abhalten. Mit so genannten Vergrämungsmitteln kann man versuchen, sie zu vertreiben.

Vögel

Einerseits freuen wir uns, wenn Vögel unsere Umwelt beleben. Meisen, Gartenrotschwänzchen und Rotkehlchen sind willkommene Gartengäste, auch weil sie Schädlinge regulieren. Über den Besuch der Amseln sind viele Gärtner jedoch nicht so erfreut. Die Tiere fallen in Kirschbäume ein, picken die Kirschen an und lassen sie fallen. Sie gehen an Johannisbeeren und Weintrauben. Vogelscheuchen und aufgehängte CDs schrecken sie häufig nicht gut genug ab. Dann bleibt nur die Möglichkeit, die Obstgehölze mit Netzen einzuhüllen.

■ Mit Blütenpflanzen lassen sich nützliche Schwebfliegen in den Garten locken. Ihre Larven fressen Blattläuse.

■ Drahtwürmer fressen gerne an Salatwurzeln und bringen mitunter die ganze Pflanze zum Absterben.

Pilzkrankheiten

Pilzkrankheiten können im Garten ebenfalls große Probleme machen. Die wichtigsten Krankheiten sind die **Kraut- und Braunfäule an Kartoffeln und Tomaten** *(Phytophthora infestans)* sowie **Echter und Falscher Mehltau**, die verbreitet an Salat, Feldsalat und Gurken auftreten. Bei einigen Gemüsekulturen kann man durch den Anbau resistenter oder sehr toleranter Sorten umgehen, dass es zu einem Befall kommt. Im Obstbau ist der **Schorf an Äpfeln und Birnen** die wichtigste Pilzkrankheit. Manche Gartenbesitzer stört dies. Andere können damit leben. Auch hier lässt sich durch die richtige Sortenwahl manches Krankheitsproblem umgehen.

Vom Umgang mit Wildkräutern

»Wenn das Unkraut nur nicht wäre«, klagen viele Gärtner und greifen zur Hacke. In der Tat macht das Hacken und Jäten in vielen Gärten die Hauptarbeit aus, vor allem im Frühjahr, wenn das wilde Kraut schneller wächst als Gelbe Rüben und Salat. Gegen allzu viel Wildwuchs auf Gemüse- und Kräuterbeeten oder unterm Beerenobst müssen Gartenbesitzer etwas unternehmen, wenn sie ernten wollen.

Vermehrungsstrategien beachten

Biologen unterscheiden die Kräuter nach ihrer Vermehrungsstrategie. Da gibt es solche, die sich über Samen, also geschlechtlich (generativ) vermehren wie zum Beispiel der Persische Ehrenpreis, die Vogelmiere oder die Rote Taubnessel. Zu einer zweiten Gruppe gehören Kräuter, die sich über Ausläufer oder über Brutknollen, also ungeschlechtlich (vegetativ) vermehren. Bekannte Beispiele für solche Wurzelunkräuter oder -ungräser sind Giersch, Ackerwinde, Ackerschachtelhalm und Quecke. Besonders lästig ist das Scharbockskraut im Frühjahr. Je nach Bodenbeschaffenheit wachsen in den Gärten weitere Samenkräuter wie Winden-Knöterich, Hohlzahn oder Melde. In Gegenden mit leichten Böden hat man mit Klatschmohn, Franzosenkraut oder Hirse-Arten zu tun.

Die Kraut- und Braunfäule ist eine der schlimmsten Pilzkrankheiten im Hausgarten.

Einjährige Wildkräuter wie Rote Taubnessel, Vogelmiere und Ehrenpreis sind schnell weggehackt.

Gegen Samenunkräuter vorgehen

Die Samenkräuter bereiten in der gärtnerischen Praxis nicht allzu viel Probleme. Durch fleißiges Abhacken bei trockenem Wetter lassen sie sich ganz gut zurückdrängen. In einem biologisch bewirtschafteten Garten wird man nicht allzu rigoros gegen den Wildwuchs vorgehen. Einige Pflänzchen dürfen ruhig stehen bleiben. Sie gehören mit zum Lebensraum Garten. Und die abgehackten Stängel und Blätter sind willkommenes Futter für Regenwürmer und andere Bodenlebewesen. Aber überhand nehmen dürfen die wilden Gewächse natürlich nicht.

Wer wirksam gegen die wilden Kräuter vorgehen will, muss das richtige Wetter abpassen. Bei feuchtem Boden wachsen abgehackte Wildkräuter zuweilen wieder an. Das passiert bei der Vogelmiere recht häufig. Es ist deshalb wenig sinnvoll, vor einem Regenguss oder allgemein bei feuchter Witterung zu hacken. Wenn schon, dann sollte man das abgehackte Unkraut wegnehmen, obwohl es für den Boden besser wäre, das Blattwerk bliebe als Mulchschicht liegen. Samen tragende Unkräuter sollte man generell vom Beet entfernen und auf einen separaten Komposthaufen oder in ein »wildes Eck« bringen. Im normalen Komposthaufen werden kaum genügend hohe Temperaturen (über 60 °C) erreicht, dass Wildkrautsamen abgetötet werden. Die Gefahr, dass man mit der wertvollen Komposterde Unkrautsamen aufs Beet bringt, ist dann sehr groß.

Kampf gegen Wurzelunkräuter

Mit den Samenkräutern arrangieren sich die meisten Gartenbesitzer; die Wurzelunkräuter jedoch bringen manchen Gärtner fast zum Verzweifeln. Wurzelunkräuter vermehren sich unterirdisch über Ausläufer. Besonders gefürchtet sind **Ackerschachtelhalm**, **Quecke**, **Giersch und Ackerwinde**. Fast so lästig können der **Kriechende Hahnenfuß** und das **Fünffingerkraut** werden, die sich allerdings mit oberirdischen Ausläufern fortpflanzen. Sie können innerhalb kurzer Zeit ganze Gartenbeete überwachsen.

■ Der Giersch breitet sich mit Wurzelausläufern unter Sträuchern und Stauden aus. Auf Gemüsebeeten hält er sich nicht.

■ Die Zaunwinde gefällt mit ihren hübschen Blüten. Vor allem in Beerenobstkulturen wird sie jedoch oft lästig.

Der **Giersch** breitet sich im Staudenbeet, unter Hecken, Sträuchern und Bäumen aus. Er schiebt seine Ausläufer ziemlich dicht unter der Erdoberfläche weiter. Auf lockerem, feuchtem Boden kann man die Wurzelstränge manchmal einfach herausziehen. Bei trockenem/schwerem Boden ist mühevolle Handarbeit nötig: jedes einzelne Wurzelstückchen muss man herauslesen, sonst entwickelt sich daraus im Nu eine Tochterpflanze. Besonders viel Mühe hat man, wenn der Giersch in das Wurzelwerk von Stauden oder ins Beerenland vorgedrungen ist. Da bleibt kaum etwas anderes übrig als die Kulturgewächse aufzunehmen und den Wurzelstock von dem Gierschgeflecht zu befreien. Der Giersch kann also in Dauerkulturen sehr lästig sein; gegenüber anderen Wurzelunkräutern hat er jedoch den Vorteil, dass er häufiges Bearbeiten nicht verträgt. Auf Gemüsebeeten kann er sich deshalb auf Dauer nicht halten.

■ **Löwenzahn mit seiner langen Pfahlwurzel lässt sich mit Hilfe von Unkrautstechern leicht herausziehen.**

Zwischen (Beeren-)Sträuchern, an Böschungen und auf brach liegendem Gelände bereiten die **Ackerwinde und Zaunwinde** Probleme. Durch ständiges Bearbeiten lassen sie sich zwar unterdrücken, aber ganz wird man sie nie los, denn ihre Wurzeln reichen metertief in den Boden, und die Wurzelausläufer dringen waagerecht vor. Deswegen können sich die Winden über weite Entfernungen ausbreiten.

Genauso ist es beim **Ackerschachtelhalm**. Sein Wurzelbild ist ähnlich. Nur ist er noch hartnäckiger und wuchskräftiger. Er gilt als Zeiger für einen verdichteten, vernässten Boden. Um ihn dauerhaft zum Verschwinden zu bringen, müsste man den Boden tief lockern und die Stauschicht aufbrechen. Mechanisches Entfernen hilft hier kaum.

Bekämpfung durch Lichtentzug

In Daueranlagen und unter Sträuchern gibt es eine elegante Methode, die Wildkräuter zu unterdrücken: durch Abdecken mit Pappe, wasserdurchlässigem Mulch-Vlies oder schwarzer Folie. Beim Setzen der Pflanzen schneidet man einfach Schlitze hinein. Wenn diese Abdeckungen über längere Zeit liegen bleiben, kann man Quecke, Giersch und Winde damit »aushungern«. Unter der Abdeckung bekommen sie kein Licht, können deshalb kein Blattgrün ausbilden und verhungern so allmählich. Allerdings sieht ein Flickenteppich aus Pappe im Garten nicht schön aus. Mit Stroh oder Rindenmulch lässt sich das Material kaschieren.

Auch Rindenmulch allein, in dicker Lage von mindestens 5 cm ausgebracht, bekämpft Wildkräuter wirkungsvoll. Der Rindenmulch deckt aber nicht nur ab und unterdrückt dadurch Wildkräuter; er hemmt auch von sich durch Ausscheidungen den Pflanzenwuchs. Er sollte deshalb nur unter Bäumen und Sträuchern oder als Wegbelag, nicht jedoch im Gemüsebeet ausgebracht werden. Stroh ist ideal zum Ausbreiten unter Erdbeerpflanzen. Es beugt zudem Pilzbefall an den Früchten vor.

Pflanzenanzucht und Vermehrung

Umsichtige Gärtner und Gärtnerinnen machen sich bereits im Winter Gedanken darüber, welche Gemüse und Kräuter sie im kommenden Jahr anbauen wollen. Sie inspizieren die Saatgutvorräte, kontrollieren, wie alt das Saatgut ist, und bestellen die gewünschten Sämereien nach Katalog. Das ist besser und sparsamer, als sich erst vor dem Samentüten-Ständer im Gartencenter zu überlegen, was man eigentlich im Garten haben möchte.

Selbst säen oder vorgezogene Jungpflanzen kaufen?

Generell kann man sagen, dass es sinnvoll ist, die Gemüse und die Kräuter, von denen die Familie viel verbraucht, selbst auszusäen und die Jungpflanzen heranzuziehen. Auch wer seltene Arten und Sorten ausprobieren möchte, kommt um das Selbersäen nicht herum. Wurzelgemüse wie Gelbe Rüben oder Rettiche wird direkt gesät; Salat, Tomaten und Paprika ziehen viele Gärtner selbst vor. Bei Gemüse, von dem man nur wenige Pflanzen braucht, zum Beispiel Brokkoli oder Blumenkohl, lohnt es sich nicht, selbst zu säen; diese kauft man besser beim Gärtner. Das Saatgut von Standardsorten wird im Handel sehr preisgünstig angeboten.

Bei speziellen Hochzuchtsorten mit Resistenzen oder Widerstandsfähigkeit gegen Krankheiten ist das allerdings anders. Da kann ein einzelnes Saatkorn so viel kosten wie eine fertige Pflanze im Gartencenter. Solch teures Saatgut ist jedoch immer dann von Vorteil, wenn sich die entsprechende Sorte gegen Krankheiten wie die Kraut- und Braunfäule oder gegen Schädlinge behaupten kann.

Viele Gärtnerinnen und Gärtner vermehren ihre Kräuter und manche Gemüse selbst. Bei samenfesten Arten von Kräutern und Gemüse wie Kapuzinerkresse, Petersilie, Stangenbohnen und Feuerbohnen, Peperoni oder Tomaten ist die Verwendung von nachgezogenem Saatgut ohne weiteres möglich. Bei **F_1-Hybridsorten** (auf den Samentüten gekenn-

Gekaufte Salatpflanzen haben bereits einen kompakten Wurzelballen. Salat stets hoch pflanzen!

zeichnet mit dem Kürzel F_1) kann es allerdings Probleme geben. Die Nachkommen solcher Sorten sehen anders aus als die aus dem Originalsaatgut, oder das Saatgut keimt gar nicht erst.

Gemüse und Kräuter im Haus vorziehen

Für die Anzucht der Gemüse und Kräuter genügen einfache Utensilien: flache Töpfchen oder Schalen mit Abzugslöchern, Abdeckhauben, keimfreie Aussaaterde und Etiketten zum Beschriften. Die Aussaat beginnt etwa Mitte oder Ende Februar. Frühere Aussaaten sind wegen des fehlenden Lichts nicht sinnvoll; bei Lichtmangel schießen die Jungpflanzen schnell in die Höhe, und die langen geilen Triebe fallen um. Wann man die Tomaten, die Andenbeeren und die Paprika sät, hängt auch von den Möglichkeiten der Weiterkultur im Haus oder im Gewächshaus ab. Es müssen schließlich ausreichend geeignete Stellflächen vorhanden sein.

Eine Vorkultur der Jungpflanzen im Haus ist nur dann zu empfehlen, wenn man die Pikierkistchen und die Töpfe mit den Jungpflanzen sehr hell stellen kann. Schon wenige Zentimeter hinter einer Fensterscheibe nimmt die Lichtmenge sehr stark ab. Spezialisten sorgen mit speziellen Pflanzenleuchten für die nötige Belichtung.

Sobald die Keimlinge genügend erstarkt sind und die ersten Laubblätter ausgebildet haben, wird pikiert. Dabei muss man sehr vorsichtig zu Werke gehen, um die zarten Blättchen und Würzelchen nicht zu verletzen oder abzuknicken. Nehmen Sie am besten einen Pikierstab zu Hilfe. Die pikierten Pflänzchen sollten sehr hell und etwas kühler als während der Keimphase stehen. Viele Gemüse- und Kräuterkulturen kommen erst im späten Frühjahr ins Freiland, wenn keine Fröste mehr drohen.

■ Kinderstube für Gemüse: Die Saat im Warmen unter einer Abdeckung keimen lassen. Sobald die Keimlinge erscheinen, Töpfe etwas kühler stellen. Die Jungpflänzchen bald pikieren, damit sie sich gut entwickeln.

Gemüse und Kräuter direkt auf die Beete säen

Gemüse- und Kräutersaatgut direkt auf die Gartenbeete zu säen ist die einfachste Form des Anbaus. Die Direktsaat ist üblich bei **Reihenkulturen** wie Möhren, Schnitt- und Pflücksalat, Erbsen, Spinat, Radieschen, Rettich und Rucola. **Ein- und zweijährige Küchenkräuter** wie Dill, Kerbel, Gartenkresse und Petersilie werden ebenfalls direkt gesät.

Einige Gemüsearten keimen auch bei niedrigen Temperaturen und können deshalb schon im März ins Freiland. **Zwiebeln und Knoblauch** werden üblicherweise im März oder April **»gesteckt«**. Die **kälteempfindlichen Bohnen** dürfen erst ab Mai auf die Gartenbeete. Die **Gemüsereihen** haben üblicherweise einen **Abstand von 40–50 cm**. Schnellwüchsige Kulturen wie Gartenkresse oder Radieschen können auch enger stehen.

Für die Gemüsesaatreihen wird mit Hilfe eines Gartengerätestiels eine Rille gezogen – für feines Saatgut ganz flach, für gröberes etwas tiefer. Damit die Reihe gerade verläuft, empfiehlt es sich, eine **Pflanzschnur** zu spannen. An beide Enden der Reihe werden zur Markierung kleine Hölzer oder Etiketten gesteckt, damit man den Verlauf der Reihe während des Keimens erkennt. Mit Hilfe des Rechen-(Harken-) Rückens wird die Rille eingeebnet und etwas festgedrückt. Dann sät man – geübte Gärtner aus der Hand, weniger geübte mit Sähilfe – möglichst exakt dosiert in die Rille. Wichtig ist es, danach das Saatgut wieder mit Hilfe des Rechenrückens etwas festzuklopfen, damit das einzelne Samenkorn eine feste Verbindung zum Untergrund bekommt. Mit dem Rechen zieht man die Rille von der Seite mit lockerer Erde zu. Nach dem Säen vorsichtig mit der Gießkanne oder mit einem Regner **angießen**; das Wasser muss ganz sanft herunterrieseln (auf keinen Fall mit scharfem Strahl angießen, sonst werden die feinen Samen verschwemmt).

In jedem Garten gibt es ein Nebeneinander von direkt ins Freiland gesäten und gepflanzten Kulturen. Kälteempfindliche Kulturen wie die Tomaten und Paprika brauchen eine Vorkultur im Warmen.

Saatbänder und Saatscheiben

Seit einiger Zeit bieten die Saatguthändler aufbereitetes Saatgut in Saatbändern oder in Saatscheiben an. Die Samenkörner sind dabei in genügend großem Abstand in ein Papiervlies eingearbeitet. Das Band braucht nur leicht angedrückt, angefeuchtet und dünn mit Erde bedeckt werden. Der Erfolg beim Säen ist mit solchen Hilfsmitteln beinahe garantiert, allerdings hat der Keimerfolg seinen Preis: Das auf diese Weise präparierte Saatgut ist viel teurer als lose abgepacktes. Gärtner, die Übung im Säen haben, brauchen Saatbänder eigentlich nicht.

Vermehrungsmethoden

Bei ausdauernden Gewächsen, bei Kräuter-Stauden und -Halbsträuchern sind andere Vermehrungsmethoden praktischer. Besonders einfach ist das **Teilen** der staudigen Kräuter mit dem Spaten. Das ist die beste Methode zum Vermehren von Minzen, Zitronenmelisse, Liebstöckel oder Sauerampfer. Auch Rhabarber kann auf diese Weise leicht vermehrt werden.

Bei Kräuter-Halbsträuchern wie Eberraute, Rosmarin, Salbei sowie bei Lorbeer ist die Vermehrung mit **Stecklingen** die Methode der Wahl.

Bei Thymian gelingt die Vermehrung am einfachsten durch **Absenker**. Das sind Triebe, die auf den Boden geleitet werden und sich hier an Ort und Stelle bewurzeln. Später trennt man die bewurzelten Triebe ab und hat neue Pflanzen. Das ist übrigens auch eine sehr praktische Methode zum Vermehren von Johannisbeeren und Brombeeren.

Ebenfalls leicht vermehren lassen sich die Erdbeeren. Sie bilden **Ausläufer**, so genannte **Kindel**, die man abnehmen kann. Auf diese Weise lassen sich die Bestände verjüngen. Die Vermehrung der Obstgehölze überlassen die Gartenbesitzer in der Regel den Baumschulen, die sich aufs **Pfropfen** und weitere spezielle Vermehrungsmethoden verstehen.

In kleinen Gärten können Saatbänder sinnvoll sein, bei denen die Samenkörner bereits den optimalen Abstand haben.

Ein Steckling der Eberraute. Mit Hilfe der Stecklingsvermehrung kann man größere Mengen an Pflanzen anziehen.

Biologischer Anbau

Die meisten Gartenbesitzer wünschen sich, biologisch zu gärtnern. Sie wollen keine »Spritzmittel« einsetzen, um die eigene Gesundheit und die der Kinder nicht zu gefährden. Vielen Biogärtnern ist es auch ein Anliegen, der Natur keinen Schaden zuzufügen. Sie wollen den Lebensraum Garten bereichern, indem sie eine Vielzahl von Pflanzen kultivieren oder Wildgewächse ganz einfach stehen lassen. Sie fördern aktiv Blütenpflanzen, die nützliche Insekten anlocken, und sie schaffen Nistmöglichkeiten für Wildbienen, Eidechsen, Blindschleichen und Vögel.

Mittel bei Schädlings- und Krankheitsbefall

Wenn trotz Vorbeugung doch Schädlinge auftreten, nutzen Biogärtner giftfreie Methoden und spritzen pflanzliche Auszüge und Tees, wie Brennnesselauszug gegen Blattläuse. Auch Schmierseifenlösung steht als probates Mittel zur Verfügung. Ganz Eifrige nehmen Zwiebelschalen- oder Rainfarntee. Diese Tees und Brühen haben oft nicht den gewünschten Effekt. Ein probates, harmloses Mittel gegen Insekten- und Pilzbefall ist feinst vermahlenes Steinmehl, das mittels eines Stäubegeräts ausgebracht wird. Paraffinölpräparate helfen gegen Schildläuse, Wollläuse und Spinnmilben im Gewächshaus. Für den biologischen Obstbau stehen Präparate auf Rapsölbasis zur Verfügung, die die Eier der Spinnmilben abtöten. Pilzkrankheiten lassen sich jedoch mit hausgemachten Mitteln oft kaum in den Griff bekommen.

Gartenbesitzer, die nach Lösungen für ihre Probleme mit Schädlingen und Krankheiten suchen, müssen zwischen Pflegemitteln mit oft geringer Wirksamkeit und hoch wirksamen Pflanzenschutzmitteln unterscheiden. Bevor man ein Präparat ausbringt, sollte man sicher geklärt haben, was die Schadensursache ist. Und selbstverständlich muss man die empfohlenen Dosierungen einhalten.

Vorbeugen durch richtige Pflanzenwahl

Großen Wert legen erfahrene Biogärtner auf das Vorbeugen. Das beginnt bei der **Auswahl der richtigen Pflanzenarten und -sorten für den Standort**. Auf einem leichten, nährstoffarmen Boden hat es zum Beispiel wenig Sinn, Kohlgemüse anzubauen; dagegen wachsen hier Möhren und auch Schwarzwurzeln mit ausreichend Düngung hervorragend. Ein anderes Beispiel: Birnen brauchen tiefgründigen Boden, in den ihre Pfahlwurzel gut eindringen kann. Bei einem flachgründigen Boden, in dem ihre Wurzel auf eine Gesteinsschicht stößt, kümmern sie.

Gartenbesitzer achten auch auf die Sorte und wählen, wenn es geht, widerstandsfähige oder resistente Sorten aus, die nicht so schnell von Schädlingen oder Krankheiten befallen werden. Biogärtner vermuten gelegentlich, dass alte Sorten besser gegen Schädlinge und Krankheiten gewappnet sind. Das trifft jedoch nicht zu. Moderne Züchtungen – samenechte Sorten wie Hybridsorten – sind in der Regel widerstandsfähiger gegen Schädlinge und Krankheiten, sie wachsen einheitlicher und sind ertragreicher als alte Sorten. Mit der Wahl von mehltauresistenten Stachelbeeren oder von blattlausresistenten Sorten beim Salat kann man sich viel Mühe sparen.

Geschützter Anbau unter Dächern und Netzen

Ganz wichtig im Bio-Anbau ist auch der Schutz der Kulturen. So schafft man es, Tomaten unter **Schutzdächern** oder in speziellen Tomatenhäusern vor der Kraut- und Braunfäule zu bewahren. Sehr effektiv sind auch die **Kulturschutznetze**, die die gefürchteten Schadfliegen wie Möhrenfliege, Zwiebelfliege, Kohlfliege, die Lauchmotte und andere Schadschmetterlinge abhalten. Neuerdings werden besonders engmaschige Kulturschutznetze (Maschenweite 0,8 × 0,8 mm) angeboten, die selbst sehr kleine Gemüsefliegen wie Minierfliegen an Lauch und Zwiebeln fernhalten. **Leimringe** im Obstbau zum Abfangen der Frostspannerraupen oder Fanggürtel zum Abfangen der Obstmaden gehören ebenfalls zu diesem Instrumentarium.

Einsatz von Nützlingen

Der Nützlingseinsatz ist eine elegante Methode, die im professionellen Anbau seit über zwanzig Jahren mit Erfolg eingesetzt wird. Im Hobbygarten bewährte sie sich ebenfalls und wurde immer weiter perfektioniert. Sinnvoll ist die Methode beim Anbau von Gemüsen im Gewächshaus oder bei Zierpflanzen im Wintergarten, da die Nützlinge eine Mindesttemperatur zur Entwicklung brauchen. So lassen sich Blattläuse, die an Bohnen saugen, mit Hilfe von **Florfliegen-Larven** *(Chrysopa carnea)* oder **Räuberischen Gallmücken** *(Aphidoletes aphidimyza)* zurückdrängen. Sehr effektiv kann auch der Einsatz von **Schlupfwespen** *(Encarsia formosa)* gegen die Weiße Fliege (= Mottenschildlaus) an Gewächshauskulturen sein. Die Schlupfwespe parasitiert die Eier der Weißen Fliege. Und **Raubmilben** *(Phytoseiulus persimilis)* fressen Spinnmilben, die sich an Gurken gütlich tun. **Parasi-**

■ **Vlies und spezielle, sehr feinmaschige Kulturschutznetze halten Gemüsefliegen und Schadschmetterlinge sicher von den Kulturen ab. Die Abdeckung muss am Rand dicht aufliegen.**

täre Nematoden (winzige Fadenwürmer) fallen über Trauermücken und Dickmaulrüssler her.

Die »Anwendung« der Nützlinge ist recht einfach. Wer sie einsetzen möchte, bestellt die Nützlinge für eine bestimmte Gewächshausfläche beim Züchter. Die Nützlinge kommen postwendend in der Regel als Eier auf Kartons geklebt. Die Kartonstreifen hängt man nach einem bestimmten Verteilungsschlüssel im Gewächshaus auf. Bereits nach kurzer Zeit schlüpfen aus den Eiern die Larven und fallen über die Schädlinge her.

Integrierter Anbau

All diese mechanischen und vorbeugenden Methoden nutzt man auch im so genannten integrierten Anbau. Hier sind jedoch auch gewisse synthetische Spritzmittel erlaubt, die für den Anbau im Haus- und Kleingarten zugelassen sein müssen. Ob man sie einsetzen möchte, muss jeder für sich selbst entscheiden. Für vertretbar halten viele Gartenbesitzer das Spritzen mit Fungiziden gegen Kraut- und Braunfäule an Tomaten und gegen Mehltau an Gurken. Bei diesen Kulturen können Pilze enormen Schaden verursachen.

Wichtig ist erst einmal, dass man die Krankheit oder den Schädling genau bestimmt. Danach richtet sich dann, welches Präparat verwendet werden kann. Mittel gegen Pilze, die so genannten Fungizide, helfen nicht gegen Blattläuse. Die bekämpft man mit so genannten Insektiziden.

Bevor Sie Spritzmittel anwenden, sollten Sie sich in einem Gartenfachgeschäft beraten lassen. Auf gar keinen Fall darf man nach der Methode »viel hilft viel« vorgehen. Bekämpfen Sie gezielt und spritzen Sie das jeweilige Präparat in der angegebenen Konzentration. Dosieren Sie zu niedrig, erwischen Sie die Schädlinge und Krankheiten nicht ausreichend; die Bekämpfung ist dann nutzlos, belastet aber die Umwelt.

Statt Spritzmitteln helfen oft auch biotechnische Methoden weiter. Mittels Pheromonfallen kann man zum Beispiel Schadschmetterlinge wie Apfelwickler oder Pflaumenwickler abfangen. Und bei Kirschmadenfallen gehen Kirschfruchtfliegen »auf den Leim«.

Aussaat- und Mondkalender

Viele Menschen säen und pflanzen nach dem Stand von Mond und Sternen. Mond- und Aussaatkalender in Zeitschriften und Büchern geben die »Regeln« vor. Was steht dahinter? Der Mond kann allenfalls als Lichtquelle oder über Gravitation auf Lebewesen auf der Erde einwirken; dies beeinflusst die Pflanzen nur minimal. Die Kalenderangaben beziehen sich jedoch nicht auf diese physikalischen Größen, sondern gehen von einem naturwissenschaftlich nicht zu erklärendem Kräftewirken des Mondes und der anderen Himmelskörper aus.

Für den Anbauerfolg im Garten sind solche Regeln irrelevant. Entscheidend sind die tatsächlichen Gegebenheiten auf der Erde – die Standortfaktoren Sonneneinstrahlung, Boden, Feuchtigkeit, Temperatur, Wind sowie Schädlings- und Krankheitsbefall.

Nützlingseinsatz im Kleingewächshaus von Raubmilben, Gallmücken und Schlupfwespen.

Arbeitsabläufe übers Jahr

Richtige Gärtner sind im Winter nur halbe Menschen. Ihr Tätigkeitsdrang läuft ins Leere. Die Gartenschere ruht, die Hacke steht in der Ecke. Man kann sich allenfalls mit Samenkatalogen beschäftigen und Pläne schmieden. Doch sobald sich im Februar die ersten Sonnenstrahlen zeigen und die Temperaturen nicht mehr allzu frostig sind, führt der Weg schon wieder nach draußen. Die Obstbäume müssen geschnitten werden. Dürres Material, das vor dem Wintereinbruch nicht mehr entfernt werden konnte, weil der Schnee kam, wird jetzt zur Seite geräumt oder gehäckselt. Manche passionierten Gärtner beginnen das Frühbeet herzurichten, und im Gewächshaus nach dem Rechten zu sehen.

Das Gemüsejahr im Freiland beginnt im April mit Aussaaten von Spinat, Schnittsalat, Rucola, Rettich und Radieschen. Im Frühbeet und im Kleingewächshaus beginnt die Saison allerdings schon etwas früher.

Nicht zu früh ins Freiland

Erfahrungsgemäß empfiehlt es sich, im Frühjahr mit den Arbeiten im Freiland eher etwas zuzuwarten. Nach der ersten frühlingshaften Phase kommt bestimmt noch einmal ein Kälteeinbruch oder gar zwei. Das schadet den frisch gesäten oder gepflanzten Kulturen. Haben Sie besser noch etwas Geduld und warten Sie ab, bis sich der Boden genügend erwärmt hat. Dann keimen die ersten Radieschen, der Spinat, der Rucola und der Pflücksalat sehr schnell. Unter Vlies und Folie geht's zu Beginn des Gartenjahres deutlich schneller, bis die ersten Kulturen erntereif sind. Ein festes Datum kann man leider nicht nennen. Der Frühling beginnt nicht überall zur gleichen Zeit und setzt auch von Jahr zu Jahr zu unterschiedlichen Zeiten ein. Eine gewisse Orientierung gibt der **phänologische Kalender**. Dabei orientiert man sich mit den Garten- und Feldarbeiten an den Blütezeiten gewisser Blumen, Sträucher und Bäume. Demnach dürfen die Gartenarbeiten im Freien beginnen, wenn die Salweide blüht und die Stachelbeeren austreiben.

Säen oder pflanzen?

April und Mai sind wichtige Monate zum Säen und Pflanzen. Da wird die Ernte vorbereitet. Bei manchen Kulturen ist es besser, sie direkt in den Garten zu säen, bei anderen ist die Vorkultur im Haus oder im Frühbeet geeigneter. Typische **Säkulturen** sind Radieschen, Rettich, Spinat, Pflück- und Schnittsalat, Möhren, Rote Bete, Erbsen, Buschbohnen …

Typische **Pflanzkulturen** sind Kopfsalat, Kohlrabi, Kohlgemüse, Sellerie, Tomaten, Paprika, Zucchini und Kürbisse.

Einige Kulturen werden gesät oder gepflanzt, je nach persönlichen Vorlieben: Lauch, Zwiebeln, Kohlrabi, Kopfsalat, Einlegegurken, Stangenbohnen …

Bei den Kräutern kann man ebenfalls zwischen Sä- und Pflanzkulturen unterscheiden. Generell lässt sich sagen, dass man die ausdauernden Kräuter, von denen man in der Regel nur eine Pflanze braucht, besser beim Gärtner kauft. Einjährige Kräuter wie Kerbel oder Dill werden dagegen besser gesät – entweder direkt ins Gartenbeet oder in Töpfe.

Die Eisheiligen

Ein wichtiger Termin im Gartenjahr sind die so genannten Eisheiligen. Dies sind die drei Tage vom 12. bis 14. Mai, Namenstage der drei Heiligen Pankratius, Servatius und Bonifatius sowie der 15. Mai mit der »Kalten Sophie«. Erfahrungsgemäß ist es an diesen Tagen oder drumherum noch einmal sehr kalt und gar frostig. Die tiefen Temperaturen schaden kälteempfindlichen Gemüsen wie Tomaten oder Zucchini und bringen sie im Extremfall zum Absterben. Selbst wenn die Gemüse zunächst nicht geschädigt scheinen, merkt man später doch, dass die Blüten zerstört wurden und nicht mehr recht weiterwachsen wollen. In einem kühlen Frühjahr ist es tatsächlich am besten, wenn man mit dem Pflanzen bis Ende Mai oder gar Anfang Juni wartet. Es gibt aber auch Jahre, in denen die »Eisheiligen« ausfallen.

Im April und Mai ist Pflanzzeit für Salat. Wärmebedürftige Kulturen dürfen erst nach den Eisheiligen ins Freie.

Beginn der Erntezeit

Im Gemüsebau sind Mai, Juni und Juli wichtige Erntemonate. Beim Salat, bei den Radieschen und Rettichen kann man aus dem Vollen schöpfen. Es folgen Kohlrabi, Erbsen, Buschbohnen, Zwiebeln. Ab etwa Mitte Juli reifen die ersten Tomaten, Gurken und Zucchini.

Das Beerenobst kann gleichfalls im späten Frühjahr und Frühsommer geerntet werden. Im Juni sind die Erdbeeren dran. Anschließend, etwa Ende Juni bis Ende Juli, reifen die Johannisbeeren und Stachelbeeren. Die Himbeeren sind ebenfalls im Juni/Juli erntereif. Bei den Brombeeren beginnt dann die Ernte erst Ende Juli und kann – je nach Sorte – bis zum Spätsommer andauern.

Der Garten im Urlaub

Vielleicht gehören Sie zu den Menschen, die im Sommer nie in Urlaub fahren, weil der Garten zu versorgen ist. Tatsächlich ist von Ende März bis Ende Oktober immer etwas zu tun. Nur im Winter kann man die Arbeit schieben oder ganz ruhen lassen.

Kritisch sind die Wochen und Monate, in denen man gießen muss, also Juni, Juli und August. Da kann man einen Garten in Trockenphasen höchstens einmal zwei, drei Tage alleine lassen. Fein sind diejenigen heraus, die Freunde, Nachbarn oder Verwandte zum Gießen engagieren können. Die müssen freilich einigermaßen belastbar sein und die Aufgabe kompetent übernehmen. Sonst hat's keinen Wert. Denkbar

■ Stangenbohnen bringen höheren Ertrag als Buschbohnen. Sie können bis in den Herbst hinein beerntet werden.

■ Im Frühsommer und Sommer sind das Gießen und Hacken die Hauptarbeit im Gemüsegarten.

wäre allenfalls, eine automatische Bewässerungsanlage zu installieren. Die gibt es für Balkonkästen, für Gewächshäuser und für Beete im Garten.

Mit der Gießphase überschneiden sich die Erntephasen. Wer großen Wert auf Erdbeeren aus dem eigenen Garten legt oder besondere Tomatensorten ernten möchte, muss eben den Urlaub so legen, dass dieser Genuss möglich ist. Erdbeeren reifen von Mitte Juni bis ca. Mitte Juli. Die Tomatenernte beginnt meistens Ende Juli und dauert bis in den September oder gar Oktober hinein. Köstliche Zuckererbsen schmecken frisch am besten. Bei Buschbohnen, die in Sätzen gesät werden, zieht sich die Ernte über Monate hin. Eigentlich ist es fast wie im Schlaraffenland. Genießen Sie es! Und machen Sie einfach stressfreien Urlaub im eigenen Gartenreich. Ab September geht es im Gemüsegarten etwas ruhiger zu. Möhren, Rote Bete und Herbstrettiche wachsen weiter, ebenso Blattsalate.

Gemüse für Herbst und Winter

Parallel zur ersten Erntephase beginnt eine zweite Säphase. Ab der Jahresmitte ist es Zeit, die Salate und die anderen Kulturen für die Ernte im Herbst und Winter auszusäen. Endiviensalat, Zuckerhut und Chinakohl werden auf Saatbeete gesät und später verpflanzt, sobald die Reihen im Gemüsegarten frei geworden sind. Früher sollte man die erwähnten Gemüse nicht säen, weil sie sonst bei den langen Tagen im Sommer in Blüte gehen, also »schießen«. (Die Gemüse verhalten sich gegenüber der Tageslänge unterschiedlich; es gibt solche, die empfindlich auf die Tageslänge reagieren, und tagneutrale Arten und Sorten.) Für Winterrettiche ist jetzt ebenfalls die richtige Aussaatzeit.

Etwas später, im August/September, folgen Feldsalat, Winterpostelein und Spinat für den Herbst- oder Überwinterungsanbau. Nach dem phänologischen Kalender beginnt der richtige Säzeitpunkt mit dem Reifen der Ebereschenfrüchte. Im September kann man es noch mit Überwinterungssorten von Salat probieren (die frühe Sorte 'Maikönig'). Doch solche Spätsaaten haben nur Sinn, wenn die Winter nicht gar zu frostig werden und wenn die Schnecken den Garten nicht zu sehr heimsuchen.

Höhepunkt im Gartenjahr: die Obsternte

Für viele Gartenbesitzer ist die Zeit der Obsternte der Höhepunkt im Gartenjahr – wenn Pflaumen, Mirabellen, Zwetschgen, Äpfel, Birnen und Trauben reifen. Äpfel und Birnen sind je nach Sorte zwischen etwa Mitte August bis Oktober erntereif. Manche Sorten muss man sofort verbrauchen, andere werden eingelagert und halten sich teils – sortenspezifisch – bis ins Frühjahr hinein. Wer nur ein kleines Bäumchen sein Eigen nennt, wird schnell mit der Ernte fertig. Wer mehr davon besitzt, muss sich Zeit zum Ernten, Einlagern und Konservieren nehmen. Das Obst-Gartenjahr endet mit der Ernte der Quitten und Mispeln und des Sanddorns im Oktober/ November.

Im September und Oktober füllt sich der Erntekorb mit saftigen und süßen Äpfeln.

Januar

- Legen Sie ein **Gartentagebuch** an und notieren Sie darin Sä- und Pflanztermine, besondere Wetterereignisse, Erntemengen, usw. So entsteht im Laufe der Jahre ein ganz persönliches Kompendium. Sammeln Sie Ideen für mögliche Umgestaltungen und skizzieren Sie Ihre **Gartenpläne** auf kariertem Papier.

- Sortieren Sie Ihre **Saatgutvorräte** und überlegen Sie, welche Sämereien Sie bestellen müssen. Das Saatgut von vielen Gemüsearten kann man einige Jahre aufbewahren, vorausgesetzt, es lagert kühl, trocken und dunkel. Fruchtgemüse wie **Tomaten** oder **Paprika** behalten ihre gute **Keimfähigkeit** sechs Jahre lang und mehr. Bei **Möhren**, **Zwiebeln** und **Lauch** bleibt die Keimfähigkeit nur zwei bis drei Jahre lang erhalten. Salatsamen sollte man schnell aufbrauchen.

- Wenn Sie im Herbst vorgesorgt haben, können Sie jetzt frisch **winterhartes Gemüse** wie Feldsalat, Lauch (Porree) und Grünkohl ernten.

- **Organische Abfälle** aus der Küche – Reste vom Gemüseputzen, Teebeutel, Kaffeesatz – nicht wegwerfen, sondern zum **Kompostbehälter** bringen.

- Die **Apfelvorräte** regelmäßig kontrollieren und faulige Äpfel auslesen. An milden Wintertagen mit dem **Obstbaumschnitt** beginnen.

Februar

- Bei der **Grünkohlernte** nur die Blätter abschneiden, den Strunk stehen lassen. Dann treiben aus den Blattachseln junge, zarte Blätter nach. Diese schmecken gut roh und lassen sich in Salate mischen.

- Das **warme Frühbeet** packen. Dafür eignet sich am besten frischer Pferdemist – ersatzweise frischer Rindermist oder eine Mischung von beiden – etwa 40 Zentimeter hoch in die tief ausgehobene Grube gefüllt.

- Wenn sich das **Frühbeet** Mitte bis Ende des Monats genügend gesetzt und erwärmt hat, **Schnittsalat**, **Spinat** und frühe **Radieschen** sowie **Möhren** säen.

- Für die Freilandaussaaten **Vlies** oder **Kulturschutznetz** zur Ernteverfrühung und zum Pflanzenschutz besorgen.

- Für **Zimmeraussaaten** von **Tomaten**, **Paprika** und anderen Gemüsearten jetzt Saatgut und keimfreie Aussaaterde bereithalten.

- Die **Triebspitzen der Stachelbeeren** zurückschneiden. Hier überwintert der Amerikanische Stachelbeermehltau. Bei dieser Gelegenheit die Sträucher gut auslichten.

- **Johannisbeeren** an frostfreien Tagen ebenfalls auslichten. Am besten ist es, die ältesten Äste unten über einem jungen, kräftigen Trieb abzuschneiden.

März

- Bevor es im Garten richtig los geht, ist es sinnvoll, einen **Regenmesser** aufzustellen. Er sollte aufrecht und nicht im Windschatten von Gehölzen oder vom Haus stehen!

- Nicht zu früh mit der Arbeit im Gemüse- und Kräutergarten anfangen, sondern die **Beete erst bearbeiten, wenn die Oberfläche abgetrocknet ist.** Mit dem Rechen (Harke) einebnen und dabei grobe Pflanzenreste, Steine und Klumpen entfernen.

- Die allerfrühesten Gemüse **(Spinat, Schnittsalat, Rucola, Radieschen)** erst säen, wenn der Boden mindestens 5 bis 6 °C warm ist. Mit Hilfe von Vlies oder Folie lässt sich die **Bodentemperatur** um ein paar Grad erhöhen, sodass man bereits früher säen kann.

- **Radieschen**, **Rettich** und **Kohlrabi** stehen gut in **Mischkultur** mit Salat. **Möhren** keimen sehr langsam. Es empfiehlt sich deshalb, schnell keimende Radieschen zur Markierung in die Reihen zu säen. So kann der Boden neben der Möhrenreihe frühzeitig gelockert werden, ohne dass ein Schaden entsteht.

- Bis Mitte des Monats im Haus **Tomaten**, **Paprika**, **Auberginen** aussäen. Bis zur Keimung warm bei ca. 20 °C stellen, danach kann es etwas kühler sein.

- **Erdbeeren** mit Topfballen jetzt pflanzen.

April

- Im April ist die **Hauptsäzeit**. Viele Gemüse können Sie jetzt **direkt in Reihen** säen: **Spinat**, **Schnitt- und Pflücksalat**, **Rettich** und **Radieschen**, **Möhren**, **Mangold**, **Lauch** (Porree), **Erbsen**. Ende des Monats dürfen in milden Gegenden auch schon **Buschbohnen** und **Stangenbohnen** ins Freie. Andere Gemüse wie **Gurken**, **Kürbisse**, **Zucchini**, auch **Stangenbohnen** kultivieren Sie ab Ende April **besser im Haus** vor.

- Feinmaschige **Kulturschutznetze** halten schädliche Gemüsefliegen von Lauch, Zwiebeln und Möhren ab, vorausgesetzt, sie liegen rundum gut auf dem Boden auf und lassen keine Schlupflöcher.

- Brechen Sie beim **Rhabarber** die Blütenstiele aus. Bei der Ernte die Rhabarberstiele unten anfassen, leicht hin und her drehen und mit kurzem Ruck abziehen. Die Stiele nicht abbrechen oder abschneiden.

- Bei manchen **Küchenkräutern** steht jetzt schon reiche Ernte an: Schnittlauch, Winterheckenzwiebel, Sauerampfer und »Pimpinelle« (= Kleiner Wiesenknopf). Auch die Zitronenmelisse treibt kräftig und kann für Teeaufgüsse (frisch) geerntet werden.

- Im April ist es günstig, **Obstgehölze** zu **pflanzen**. Probieren Sie es auch einmal mit Stachelbeer-Kiwi, Maibeere oder Kulturheidelbeere!

Mai

- Die Eisheiligen vom 12. bis 15. Mai teilen den Monat Mai in zwei Hälften – für Gärtner sind sie der entscheidende Wendepunkt im Jahr. **Erst nach den Eisheiligen** dürfen **frostempfindliche Gewächse** (Tomaten, Paprika, Gurken, Zucchini, Kürbis, Auberginen) ins Freiland gesät oder gepflanzt werden. Vor dem eigentlichen Auspflanzen die selbst gezogenen Gemüse-Jungpflanzen zum **Abhärten** ins Freie stellen. Dies sollte an warmen, windstillen, bedeckten Tagen geschehen.

- Die Kulturen im Gemüsegarten sind dankbar für eine dünne **Mulchdecke**. Nehmen Sie zum Mulchen Spinatblätter, Rasenschnitt oder krautiges Material von Brennnesseln oder Beinwell. Beim **Beerenobst** eignet sich **Stroh** zum Mulchen. Erdbeerfrüchte bleiben dadurch sauber. **Himbeersträuchern**, die feuchten Boden mögen, tut die Bodenbedeckung besonders gut.

- Bei **Obstbäumen** helfen einfache Methoden, Krankheiten und Schädlinge zurückzudrängen. So kann man Triebe, die von Mehltau oder von Blattläusen befallen sind, einfach abschneiden und vernichten. Und bei Apfelbäumen legt man **Fanggürtel aus Wellpappe** um den Stamm und fängt so die Larven des Apfelwicklers ab.

- Der Mai ist ein Kräutermonat. Jetzt können Sie ausdauernde **Kräuterstauden** pflanzen und Lorbeerbäumchen ins Freie stellen.

Juni

- In diesem Monat schöpfen Gärtnerinnen und Gärtner aus dem Vollen und füllen den **Ernte**korb mit **Salat**, **Kohlrabi**, **Radieschen**, **Rettich**, **Zuckererbsen** und **Buschbohnen**. Anfang Juni geht es mit dem **Säen** von **Buschbohnen** und **frühen Möhrensorten** weiter.

- **Wasser sparen** ist das große Thema im Juni. Mulchen und Hacken trägt viel dazu bei.

- Manchen Gemüsekulturen wie **Tomaten** und **Kohlgemüse**, die viele Nährstoffe brauchen, tut jetzt eine **Düngung** gut. Ein schnell wirksamer Dünger ist **Kräuterjauche**. Nehmen Sie etwa 1 kg frische Blätter von Brennnesseln oder Beinwell und übergießen diese in einem Eimer mit etwa 10 Liter Wasser. Der Ansatz fängt bald an zu gären. Öfter umrühren. Nach etwa zwei Wochen ist die Jauche fertig. Die Jauche 1:10 verdünnen und direkt auf den Boden gießen, nie auf die Blätter.

- Vervollständigen Sie Ihr Kräutersortiment mit weiteren Aromaspendern wie Basilikum, Bohnenkraut, Kapuzinerkresse, Majoran und Zitronenverbene.

- Im **Beerengarten** erwartet Sie mit der **Erdbeerernte** der erste Höhepunkt! Und ernten Sie **Holunderblüten** und nehmen Sie sie frisch für Sirup oder Sekt oder getrocknet für Teeaufgüsse. Trocknen Sie die Dolden an einem luftigen, schattigen Ort im Haus.

Juli

- Das Gemüse verlangt jetzt viel Aufmerksamkeit. Die Ernte der **Zwiebeln** steht an. Lassen Sie die Zwiebeln auf dem Beet abreifen. Das Laub nicht umtreten! Die Zwiebeln bleiben so besser lagerfähig. **Pflanzen Sie** für die Ernte im Herbst und Winter **Grünkohl**, **Lauch** (Porree), **Endiviensalat**, **Zuckerhut** und **Gemüsefenchel**. Bei **Tomaten** und **Gurken** ist jetzt sorgfältiges Gießen ganz wichtig. Gießen Sie immer in den Wurzelbereich, nie über die Blätter. Und entfernen Sie bei den **Tomaten** zum **Schutz vor der Kraut- und Braunfäule** die unteren Blätter. Biogärtner säen frei werdende Beete mit **Gründüngungspflanzen** ein, zum Beispiel mit Phazelia, Buchweizen, Gelbsenf oder Ölrettich.

- Anfang Juli können Sie noch frühe Sorten von Buschbohnen säen.

- Im Hochsommer ist die beste Zeit zum **Ernten von Teekräutern** für den Wintervorrat: Trocknen Sie reichlich Pfefferminztriebe, Gartensalbeiblätter, Thymiankraut, Ysopkraut, Lavendelblüten und Dosttriebe.

- **Schwebfliegen und andere nützliche Insekten** kommen in den Garten, wenn sie blühende Doldenblütler wie Dill, Petersilie, Gewürzfenchel oder Wilde Möhre finden.

- Jetzt ist es günstig, **Erdbeeren selbst zu vermehren**. Am besten leiten Sie die Ableger in mit Erde gefüllt Töpfchen.

August

- **Im August gesäte Petersilie** geht meist problemlos auf, während die Aussaat im Frühjahr oft erfolglos ist. Wer gerne Salat mag, **sät** jetzt für die Ernte im Spätherbst und Winter **Feldsalat**, **Winterpostelein** und **Spinat** aus. **Stecken Sie Knoblauch** für die Ernte im kommenden Jahr, am besten in Mischkultur mit Erdbeeren.

- **Brokkoli** und andere **Kohlgemüse** brauchen jetzt viel Wasser. Sorgen Sie mit einer **Mulchdecke** für einen ausgeglichenen Feuchtigkeitshaushalt im Boden.

- Im Spätsommer breitet sich der **Echte Mehltau** sehr häufig **an Gurken** aus. Biologische Präparate können bei rechtzeitiger Anwendung helfen.

- Die Tomatenstöcke auf **Kraut- und Braunfäulebefall** hin kontrollieren.

- Schneiden Sie **abgetragene Himbeerruten** sofort nach der Ernte über dem Boden ab. Kräftige Triebe belassen.

- **Johannisbeeren** und **Stachelbeeren** nach der Ernte kräftig auslichten. Bei **Brombeeren** die Seitentriebe bis auf zwei Augen zurückschneiden. Alle überzähligen Ranken entfernen.

- Auch bei den **Weinstöcken** die Triebe bis auf zwei Blätter über den ersten Traubenansätzen zurückschneiden.

September

- **Tagpfauenaugen** belagern an sonnigen Tagen Blütenpflanzen. Die Raupen brauchen Brennnesseln oder Wilden Hopfen als Futterpflanzen. Gelegentlich flattert ein Schwalbenschwanz über die Gemüsebeete. Aufmerksame Beobachter entdecken die auffälligen, bunt gebänderten Raupen an Möhrenlaub oder an den Blättern anderer Doldenblütler.

- Weniger gern sehen die Gartenbesitzer **Kohlweißlinge** und **Kohleulen**, beides Schmetterlinge, die ihre Eier an Kohlpflanzen ablegen. Die Raupen, die daraus schlüpfen, können ziemlichen Schaden anrichten. In kleinen Gärten genügt es, wenn man die gefräßigen Raupen von Hand abliest.

- Nach einer alten Biogärtnerregel sollen frei werdende Beete grün in den Winter gehen. Für September-Saaten eignen sich noch die **Gründdüngungspflanzen** Gelbsenf, Feldsalat und Spinat.

- Der September ist ein günstiger Monat zum **Verpflanzen oder Teilen von Rhabarber**. Eine kräftige Kompostgabe tut dem Starkzehrer gut.

- Aus den Früchten der **Kornelkirsche** lässt sich eine delikate Konfitüre herstellen. Der Wildstrauch passt gut in Hecken, sieht aber auch als einzelner Strauch oder in Form geschnitten als Kugelbäumchen gut aus.

Oktober

- Lassen Sie **Möhren** und anderes Wurzelgemüse sowie **Kohl** möglichst lange auf den Beeten stehen. Im Oktober wachsen diese Gemüse noch kräftig.

- Nutzen Sie schöne Herbsttage, um **Küchenkräuter** wie Liebstöckel, Sellerie, Petersilie, Schnittlauch und Dill für Suppenwürze zu **ernten** und zu **trocknen** oder **einzugefrieren.**

- Nach der Ernte den **Boden lockern**. Auf leichten Böden genügt es, mit der Grabegabel einzustechen und hin und her zu rütteln. Auf schweren und verunkrauteten Böden kann es sinnvoll sein, umzugraben. Halb verrotteter **Kompost** oder **Mist** kann bei dieser Gelegenheit oberflächlich eingearbeitet werden. Achten Sie beim Lockern oder Umgraben des Bodens auf **Schneckeneier** – sie sehen aus wie runde, milchweiße Kügelchen – und lesen diese auf.

- **Äpfel** möglichst lange am Baum hängen lassen, bis sich der Stiel ganz leicht vom Ast löst. Ideal zum Aufbewahren der Früchte sind kühle Kellerräume mit hoher Luftfeuchtigkeit. Auf Holzstellagen lassen sich die Äpfel übersichtlich auslegen. Das erleichtert die spätere Kontrolle auf faulige Exemplare.

- Der Oktober ist eine gute **Pflanzzeit für Beerenobst** wie Himbeeren, Johannisbeeren, Jostabeeren und Stachelbeeren.

November

- Gartenbesitzer sind in diesem Monat mit dem Laub beschäftigt. Das **Laub** der Apfelbäume und der meisten Gehölze lässt sich gut **kompostieren**. Sie können auch gut damit unter Sträuchern und Hecken **mulchen**. Wenn Sie in den Gartenecken kleine Haufen aus Laub und Reisig aufschichten, suchen dort mit etwas Glück Spitzmaus, Igel und Blindschleiche Unterschlupf für den Winter. **Laub und Äste** aller Art eignen sich auch als **Füllmaterial für Hügelbeete** oder **Hochbeete**.

- **Zuckerhut** verträgt wenige Frostgrade; wenn Sie ihn in Frostnächten mit dickem Vlies oder mit Tüchern abdecken, hält er sich bis nach Weihnachten im Freien.

- **Lavendel** und **Gartensalbei** nicht zurückschneiden; so bleiben die empfindlichen Gewächse besser vor Frostschäden geschützt.

- **Quitten** können lange am Baum hängen bleiben und vertragen sogar etwas Frost. Man muss nicht gleich die ganze Ernte verarbeiten, sondern kann die Früchte zunächst an einem kühlen Ort einlagern und nach und nach entsaften.

- Die richtige **Pflanzzeit für Obstgehölze** ist nach dem Laubfall. Ausnahme sind Wärme liebende Arten wie Pfirsich, Aprikose, Quitte und Walnuss, die man besser im Frühjahr pflanzt.

Dezember

- Wenn strenger Frost droht, sollten Sie die **Wasserbehälter leeren** und die **Wasserhähne abstellen**.

- Im Dezember gibt der Gemüsegarten außer Zuckerhut, Porree (Lauch), Feldsalat, Grünkohl und Winterportulak nicht mehr viel her. Neben den frostharten Kulturgemüsen werden jetzt die **Wildgemüse** interessant. Zum Würzen und für Salate eignen sich die Blätter bzw. Blattrosetten von Löwenzahn, Hirtentäschel, Schaumkraut und Gänseblümchen, außerdem die Vogelmiere als Beigabe zu Salaten.

- Für Abwechslung in der Küche können Sie auch mit vitaminreichen **Früchten aus der Wildstrauchhecke** sorgen – mit Sanddorn, Hagebutten und Schlehen.

- **Tontöpfe** und teure **Terrakottatöpfe**, die im Winter draußen bleiben, **mit Holzleisten unterlegen**, damit sie am Boden nicht festfrieren. Leere Tontöpfe trocken lagern.

- **Bepflanzte Töpfe** auf Terrasse und Balkon an einen schattigen Platz stellen und mit Noppenfolie, Jute oder anderen Materialien **umhüllen**, sodass die Wurzelballen nicht durchfrieren.

- **Frisch gepflanzte Gehölze** zum Schutz vor Kahlfrösten locker **mit Reisig abdecken**.

Pflanzen für den Küchengarten

Vielfalt im Küchengarten

Frische Bohnen und Tomaten, Erdbeeren, Stachelbeeren und Weintrauben, Minze für den Tee – das alles gedeiht auch in einem kleinen Garten. Wer es geschickt anstellt, kann sich mit Gemüse, Kräutern und Obst weitgehend selbst versorgen. Auf den folgenden Seiten finden Sie die wichtigsten Arten für kleine Küchengärten sowie einige neue Kulturpflanzen, die noch nicht so bekannt sind. Die Vielfalt in unseren Gärten war noch nie so groß wie heute. Hier versammeln sich Kulturpflanzen aus der ganzen Welt.

Aus allen Kontinenten

Die Vielfalt zeigt sich in einer enormen Arten- und Sortenfülle vor allem bei den Gemüsen und beim Obst. Vor der Entdeckung Amerikas vor etwa 500 Jahren gab es in den Gärten Mitteleuropas nur wenige Arten, die aus einheimischen Wildpflanzen gezüchtet worden waren, sowie Arten aus dem Mittelmeerraum und aus Asien, die auf alten Handelswegen eingeführt worden waren.

Sehr alte Kulturpflanzen, die bereits im Mittelalter bekannt waren, sind Erbsen, Puffbohnen, Rettich, Spinat, Zwiebeln und Knoblauch sowie die Obstgehölze Feige, Mispel und Weinrebe. Erst mit der Entdeckung des amerikanischen Kontinents erweiterte sich das Artenspektrum stark. Gartenbohnen und Feuerbohnen, Tomaten, Paprika und Kartoffeln – Nahrungsmittel der Indianer – traten von nun an hierzulande ihren Siegeszug an.

Die Gärtner verbesserten nach und nach die einheimischen Gemüsearten. Bei dieser einfachen Form der Züchtung werden besonders schöne, große und wohlschmeckende Sämlinge »ausgelesen« und weiter vermehrt. Aus der Wildform der Möhre mit ihrer cremefarbenen, strunkigen Wurzel entwickelten sich so die heute üblichen orangefarbenen Sorten. Und sogar unsere begehrten »alten« Apfelsorten sind eigentlich junge Errungenschaften vor allem aus dem 19. Jahrhundert.

Erfurter Gärtner bezogen um das Jahr 1660 herum erstmals Blumenkohlsamen aus Zypern. Die Garten-Erdbeere entstand erst um 1750 aus einer Kreuzung von zwei amerikanischen Arten. Und der Kultur-Rhabarber, der um 1770 in England aus wilden Rhabarberarten gezüchtet worden war, breitete sich erst danach in Europa aus.

Auf den folgenden Seiten finden Sie eine Auswahl von leicht zu kultivierenden und lohnenden Gemüse- und Kräuterarten. Feldgemüsearten wie die Kopfkohl-Arten Weißkohl, Rotkohl, Wirsing sowie Rosenkohl sowie Porree (Lauch) und Kartoffeln stehen besser auf dem Acker. Reservieren Sie den knappen Platz im Garten für das interessantere und lohnendere Feingemüse. Wählen Sie aus dem großen Angebot der Salate, Buschbohnen und Erbsen, Erdbeeren und Johannisbeeren. Und freuen Sie sich auf Genuss aus eigener Ernte!

Hinweise zu den Angaben in den Pflanzenporträts

In der Symbolleiste finden Sie allgemeine Angaben. Als Erstes die **Wuchshöhe**, die jedoch je nach Sorte (und Unterlage bei den Obstgehölzen) stark unterschiedlich sein kann. Beachten Sie auch den **Anspruch an den Standort**, also ob die Pflanze am besten sonnig, halbschattig oder schattig steht. Wichtig ist der Hinweis auf die **Wuchsform:** Einjährige Pflanzen werden anders behandelt als Zweijährige wie die

Petersilie oder Stauden. Halbsträucher sind zum Beispiel die Eberraute oder der Lavendel, die unten verholzt und oben krautig sind. Zu den Sträuchern zählen die meisten Beerenobstgehölze. Bäume bilden eine eigene Gruppe im Pflanzenreich. In allen Gruppen gibt es Gewächse, die klettern wie Kapuzinerkresse, Weinreben oder Klettergurken.

Diese Angaben sind jedoch nicht absolut gültig. In ihrer Heimat wachsen manche Pflanzen, die bei uns nur den Sommer über kultiviert werden, ausdauernd. Und sogar hier in Mitteleuropa gibt es vom milden Weinbauklima bis in die Gebirgsregionen große Unterschiede in der Kulturdauer.

Aus den Hinweisen der Rubrik **Herkunft** – das heißt, wo die Pflanzen herkommen und zu welcher Pflanzenfamilie sie gehören – lassen sich manche Ansprüche ableiten. Das Wichtigste ist natürlich die **Kultur** selbst, also Aussaat und Pflanzung, die Pflege übers Jahr sowie Besonderheiten der jeweiligen Pflanzenart. Bei den Obstarten finden Sie Hinweise zur **Erziehungsform** und zum **Schnitt**.

Manchmal gibt es einen speziellen Zeitpunkt und Besonderheiten bei der **Ernte** zu beachten.

Die Tipps zur **Verwendung** in der Küche sind sicher ebenfalls willkommen. Hier finden Sie auch erprobte Hinweise, wie sich Gemüse, Kräuter und Obst für den Winter konservieren lassen.

Am Schluss der Pflanzenporträts werden bestimmte **Sorten** entsprechend ihrer botanischen Zugehörigkeit und ihrer Wuchseigenschaften empfohlen oder es wird auf besondere Arten hingewiesen. Bei manchen Nutzpflanzen wie Äpfeln oder Tomaten ist das Angebot sehr groß. Hier werden einige gute und gängige Sorten und eng verwandte Arten oder Kreuzungen genannt, die sich allgemein bewährt haben oder die bestimmten Vorlieben entgegenkommen.

Bei manchen Kulturen ist es sinnvoll, die Sorten in Gruppen zusammenzufassen, zum Beispiel beim Salat in die Schnittsalate, Pflücksalate, Kopfsalate, Eissalate und andere.

Aus einem gut geführten Küchengarten kann man sich das ganze Jahr mit Gemüse versorgen – auch im Winter mit Überwinterungsgemüse wie Lauch/Porree, Rosenkohl und Grünkohl, Zuckerhut und Feldsalat.

Andenbeere, Kapstachelbeere
(Physalis peruviana)

⬆ bis ca. 2 m ○ ⊙ oder ♃

Herkunft: Nachtschattengewächs aus Südamerika.
Kultur: Im März im Haus vorkultivieren, im Gewächshaus oder – Ende Mai – im Freiland pflanzen. Später anhäufeln und den Boden mulchen. Die Andenbeere wächst buschartig üppig und wird recht hoch. Mit Stäben stützen, nicht ausgeizen. Für mehrjährige Kultur kann man im Herbst Stecklinge machen.
Ernte: Die Andenbeere reift in einer lampionartigen Hülle von August bis zum Frost. Reife Früchte erkennt man daran, dass die Hülle sich braun verfärbt, trocken wird und der Fruchtstand schließlich abfällt. Die Früchte halten sich in der Hülle monatelang.
Verwendung: Roh mit zurückgeschlagener Hülle servieren, in Obstsalaten, als Kuchenbelag, Kompott.

Arten/Sorten: *Physalis pubescens* 'Aunt Molly' – niedriger bodendeckender Wuchs; Tomatillo *(Physalis ixocarpa)* – zunächst grün, später orangerot; ernten, wenn die papierartige Hülle platzt.

Artischocke
(Cynara cardunculus)

⬆ bis ca. 2 m ○ ♃ (3–4 Jahre)

Herkunft: Korbblütler aus dem Mittelmeerraum.
Kultur: Ende Mai im Abstand von ca. 100 × 100 cm pflanzen. Die Artischocke bildet zunächst eine Blattrosette, aus der dann die Blütenstängel herauswachsen. Damit sich die Artischocke gut entwickelt, braucht sie humosen und nährstoffreichen Boden und viel Wasser. Über den Winter mit Erde, Stroh oder Laub abdecken, ist nicht sicher winterhart.
Ernte: Pro Pflanze entwickeln sich bei besten Bedingungen höchstens 6–8 Blütenknospen, oft sind es aber nur 1 oder 2. Die Knospen mit scharfem Messer knapp unterhalb vom Blütenboden abschneiden.
Verwendung: Blütenknospen in Salzwasser gedünstet, mit Zitronen-Vinaigrette serviert. Essbar sind die unteren Teile der Blütenhüllblätter und der Blütenboden. Artischockenböden sind eine Delikatesse!

Arten/Sorten: 'Große von Laon'; 'Imperial Star' – blüht schon im Pflanzjahr; 'Romagna' – violett gefärbt; Cardy *(Cynara cardunculus)* – geerntet werden die fleischigen Blattstiele.

Brokkoli

(Brassica oleracea var. *italica)*

⬆ bis 50 cm ○ ⊙

Herkunft: Kreuzblütler, gezüchtet aus Gemüse-Kohl, der im Mittelmeerraum wild wächst.
Kultur: Brokkoli können Sie selbst säen oder die Jungpflanzen kaufen. Mit etwas zeitlichem Abstand (»in Sätzen«) von Mitte Mai bis Mitte Juni tief pflanzen. Pflanzabstand 40–50 cm. Brokkoli braucht reichlich Nährstoffe und Wasser und ist dankbar für eine Mulchschicht.
Ernte: Zunächst den Hauptspross ernten. Die Pflanze bleibt stehen und bildet kleinere Nebensprosse, die genauso verwendet werden können. Brokkoli verträgt ein paar Frostgrade. Die Ernte ist so bis in den Dezember hinein möglich.
Verwendung: Gedünstet samt den dicken Sprossstielen als Beilagengemüse, für Vorspeisen.

Sorten: 'Milady' F_1 – früh, auch für kühles Klima; 'Chevalier' F_1 – großer Hauptspross; 'Inspiration' F_1 – viele Seitentriebe; 'Minaret' und 'Romanesco' – dekorativ, hellgrün.

Buschbohne

(Phaseolus vulgaris var. *nanus)*

⬆ bis ca. 50 cm ○–◐ ⊙

Herkunft: Schmetterlingsblütler, stammt ursprünglich aus Südamerika.
Kultur: Aussaat Anfang Mai bis Mitte Juli in Sätzen. Der Boden sollte sich auf 8–10 °C erwärmt haben. Kältephasen während der ersten Entwicklung schaden. Entweder in Horsten oder in Reihen im Abstand von 30–50 cm 3–5 cm tief säen. Die Erde locker halten und anhäufeln. Auf Schneckenfraß kontrollieren. Bitte beachten Sie, dass Bohnen viel Wasser brauchen. Während der Blüte durchdringend gießen.
Ernte: Fortlaufend ernten.
Verwendung: Bohnen nie roh essen. Immer kochen. Eignen sich blanchiert gut zum Einfrieren. Für Bohnengemüse und Bohnensalat.

Sorten: 'Speedy'- sehr früh, grünhülsig; 'Purple Teepee' (s. Foto) 'Golddukat' – gelbe, lange Hülsen; 'Borlotto' – italienische Sorte, rot gefleckte Hülsen, die beim Kochen grün werden.

Endiviensalat

(Cichorium endivia)

⬆ bis ca. 40 cm ○ ⊙–⊙

Herkunft: Korbblütler aus dem Mittelmeerraum und dem Nahen Osten, verwandt mit der Wegwarte.
Kultur: Wintersorten Ende Juni/Juli auf Beeten breitwürfig säen; schattieren und feucht halten. Im August verpflanzen, Pflanzabstand 30–40 cm, flach pflanzen.
Ernte: Normalerweise im Spätherbst, bis in den Winter hinein, da Endiviensalat leichten Frost verträgt. Durch Abdecken lässt sich die Erntezeit im Freien verlängern. Endiviensalat kann man auch ausgraben und mit den Wurzeln nach oben in einem kühlen Keller aufhängen.
Verwendung: Für grüne Blattsalate, Blätter kleingezupft oder geschnitten. Wird regional auch gedünstet zubereitet.

Sorten: 'Escariol grüner' – gut zum Einschlagen; 'Kalinka' – schossfeste Sorte für den Frühjahrs- und Sommeranbau; 'Eminence' – Winterendivie, schwere Köpfe; 'Elodie' – Frisée-Typ; 'Milady', 'Wallonne'.

Erbse

(Pisum sativum)

⬆ bis ca. 2 m ○ ✿ 5–7 ⊙

Herkunft: Schmetterlingsblütler.
Kultur: Aussaat März/April (bis Ende Mai) in Sätzen. Reihenabstand 25–40 cm, 3–5 cm tief. Die Aussaaten unbedingt auf Schneckenfraß hin kontrollieren. Wenn die Triebe etwa eine Handbreit über dem Boden sind, Reisig dazustecken oder Maschendraht als Kletterhilfe anbieten. Niedrige Sorten brauchen keine Stütze.
Ernte: Bei den Markerbsen sowie den Pal- oder Schalerbsen »palt« man die Erbsen aus den Hülsen. Bei Zuckererbsen und Knackerbsen isst man die ganze Schote, also samt der grünen Hülle.
Verwendung: Roh oder gedünstet in Gemüsegerichten wie »Leipziger Allerlei«, gut zum Einfrieren. Stärkereiche Palerbsen für Erbsensuppe.

Sorten: 'Kleine Rheinländerin' – Palerbse, sehr früh, niedrig, keine Stütze nötig; 'Markana' – Markerbse, stützt sich selbst; 'Norli' – Zuckererbse, standfest; 'Zuccola' – Knackerbse, mit Hülse essen.

Feldsalat, Ackersalat

(Valerianella locusta)

⬆ bis ca. 5 cm (in Blüte bis 1 m) ○–◐ ⊙–⊙

Herkunft: Einheimische Wildpflanze aus der Familie der Baldriangewächse.
Kultur: Feldsalat im August bzw. Anfang September breitwürfig auf Beete oder in Reihen (Abstand 15 cm) säen. Manche Sorten eignen sich auch für Frühjahrs- und Sommeranbau. Nach dem Säen dunkel und feucht halten, am besten mit Tüchern oder Vlies abdecken. Bei zu dichtem Aufgehen lässt er sich auch verpflanzen. Die Bestände möglichst unkrautfrei halten. Wenn man Feldsalat zum Blühen und zur Samenreife kommen lässt, sät er sich selbst aus.
Ernte: Die ganzen Blattrosetten mit dem Messer abschneiden. Ernte auch im Winter.
Verwendung: Nur frisch für Blattsalate.

Sorten: 'Dunkelgrüner Vollherziger' – winterhart; 'Elan' – mehltauresistent, winterhart; 'Juwahit' – für Ganzjahresanbau; 'Medaillon' – rundliche Blätter; 'Vit' – mehltauresistent.

Grünkohl

(Brassica oleracea var. *sabellica)*

⬆ bis ca. 1 m ○–◐ ⊙–⊙

Herkunft: Kreuzblütler, von wildem Kohl aus dem Mittelmeerraum abstammend.
Kultur: Üblicherweise sät man Grünkohl von Mitte Mai bis Ende Juli auf Anzuchtbeete und verpflanzt bis Anfang August im Abstand von 50 cm. Grünkohl braucht wie alle Kohlgewächse viel Wasser und räubert Nährstoffe. Deshalb gut mit Kompost oder organischem Dünger versorgen und bei Trockenheit reichlich gießen. Vor Weißer Fliege und Kohlweißlingsbefall schützen, am besten ein Insektenschutznetz darüberlegen.
Ernte: Blätter ab dem Spätherbst, wenn einige Zeit tiefe Temperaturen eingewirkt haben, auch im Winter bis zum Frühjahr, frische Achselsprosse für Salat.
Verwendung: Für Gemüsegerichte, Eintöpfe, auch zum Einfrieren.

Sorten: 'Arsis' F_1 – fein gekraustes Blatt; 'Lerchenzungen' – schmale, lange Blätter; 'Redbor' F_1 (s. Foto) – violettes Laub, schön im Winter; 'Toskanischer Palmkohl' – dekorativ.

Gurke

(Cucumis sativus)

bis ca. 250 cm ○ 5–9 ⊙ Kl

Herkunft: Kürbisgewächse aus tropischen Regionen Indiens, seit dem Mittelalter in Deutschland angebaut.
Kultur: Einlegegurken ab Ende April in Töpfchen vorkultivieren oder nach den Eisheiligen Ende Mai/Anfang Juni direkt ins Freiland säen (Abstand in der Reihe 5–6 cm, von Reihe zu Reihe 50–60 cm). Schlangengurken sind meistens veredelt. Ein oder zwei Pflanzen pro Haushalt fürs Kleingewächshaus genügen. Sie werden an Schnüren in die Höhe gezogen. Cocktailgurken eignen sich besonders für die Kultur in Töpfen. Die etwa fingerlangen Früchte reifen früh.
Gurken gedeihen auf humusreichen, leicht erwärmbaren Böden am besten. Schwere, nasse und kalte, auch sandige Böden mögen sie nicht gerne. Gießen Sie die Gurken während der Blütezeit gründlich, und zwar auf den gemulchten Boden in den Wurzelbereich. Eine Mulchschicht aus Stroh bzw. Mulchfolie oder -vlies sorgt für gleichmäßige Bodenfeuchtigkeit. Bei Trockenheit werden Gurken nämlich bitter. Kältephasen im Sommer schaden dem tropischen Gewächs; es gedeiht am besten bei einer Temperatur zwischen 22 und 30 °C.
Ernte: Gurken laufend ernten, je nach Verwendungszweck klein zum Einlegen bzw. Eindünsten oder größer zum Zubereiten süß-saurer Gurken. Alle Sorten sind auch frisch zu verbrauchen für Salate, als Brotbelag oder zum Dekorieren für klalte Platten.
Verwendung: Je nach Sorte zum frisch Essen, für Salate, zum Eindünsten und Einlegen, für süß-saure Gurken.

Sorten: Einlegegurken: 'Vorgebirgstrauben' – alte, bekannte Sorte; 'Delikatess' – feinschalig, kernlos; 'Diamant' F_1 – mehltauresistent; 'Clementine' F_1 – Früchte reifen auf einmal. Schlangengurken: 'Chinese Slangen' – lange Früchte, auch fürs Freiland; 'La Diva' – rein weiblich, bitterfreie, kurze Früchte; 'Sudica' – braucht wenig Wärme, bitterfrei; Cocktailgurken: 'Iznik' F_1 – kompakter Wuchs.

Knollenfenchel

(Foeniculum vulgare subsp. *vulgare* var. *azoricum)*

⬆ bis ca. 50–80 cm ○ ⊙

Herkunft: Doldenblütler aus dem Mittelmeerraum.
Kultur: Günstige Aussaatzeit von Mitte Mai bis Anfang Juli. Fenchel wird entweder direkt gesät oder vorkultiviert und dann im Abstand von 15–20 cm gepflanzt (von Reihe zu Reihe 30–40 cm). Zu tiefe oder zu hohe Temperaturen bewirken, dass der Fenchel schosst. Ältere Sorten erst nach der Sommermitte säen und pflanzen, da sie sonst in Blüte gehen. Neuere Sorten eignen sich für den Ganzjahresanbau.
Ernte: Nicht zu lange stehen lassen, da die Knollen sonst verholzen und eventuell platzen.
Verwendung: Als Rohkost, als Gemüse, für italienische Vorspeisen, zum Grillen. Das feine gefiederte Blattwerk zum Dekorieren.

Sorten: 'Finale' – schwere Knollen, für Frühjahr-, Sommer- und Herbstanbau; 'Selma' – schwere Knollen; 'Zefa Fino' – für den Ganzjahresanbau geeignet.

Kohlrabi

(Brassica oleracea var. *gongylodes)*

⬆ bis ca. 50 cm ○ ⊙

Herkunft: Kreuzblütler, aus wildem Kohl aus dem Mittelmeerraum gezüchtet.
Kultur: Die ersten Kohlrabipflänzchen werden üblicherweise ab Mitte März im Abstand von 25 × 25 cm ins Frühbeet oder ins Freiland ausgepflanzt. Sie können Kohlrabi auch auf ein Saatbeet säen und später verpflanzen. Kohlrabi braucht humosen, nährstoffreichen Boden. Sorgen Sie während der Knollenentwicklung für ausreichend und gleichmäßig viel Feuchtigkeit, dann besteht auch nicht die Gefahr, dass die Knollen platzen.
Ernte: Rechtzeitig ernten, bevor die Knollen holzig werden.
Verwendung: Frisch als Rohkost, gedünstet als Beilagengemüse, für Aufläufe.

Sorten: 'Delikatess' – blau und weiß, plattrunde Form, für Sommeranbau; 'Superschmelz' – spät, zart, sehr große Knollen; 'Azur Star' – blau, für sehr frühen Anbau; 'Blaro' – blau, schossfest.

Kürbis

(Cucurbita maxima)

⬆ bis ca. 50 cm ○ ⊙

Herkunft: Kürbisgewächs aus Südamerika.
Kultur: Ende April in Töpfchen aussäen, auspflanzen nach Mitte Mai, eher noch etwas später. Kürbisse brauchen viel Wärme, wollen sehr gut mit Nährstoffen und Wasser versorgt sein. Und manche Sorten brauchen sehr viel Platz! Ein Platz am oder auf dem Komposthaufen ist ihnen grade recht.
Ernte: Kürbisse möglichst nicht allzu groß werden lassen. Sie können sie erstaunlich gut bis ins Frühjahr hinein in einem trockenen, nicht allzu kühlen (ca. 10–14 °C) Raum lagern.
Verwendung: Jung auch roh zu essen, für Gemüsegerichte, Suppen, Pies, süß-sauer eingelegt, Chutney usw.; Kürbiskerne zum Knabbern, für Gebäck und als Medizin.

Sorten: 'Uchiki Kuri' – Hokkaido-Kürbis, orange, karotinreich, sehr wohlschmeckend; 'Rouge vif d'Etampes' – orangerot, groß; Halloween-Kürbisse *(C. pepo)*: 'Aspen', 'Baby Bear'.

Mangold

(Beta vulgaris subsp. *cicla)*

⬆ bis ca. 50 cm ○–◑ ⊙–⊙

Herkunft: Gänsefußgewächs aus Europa.
Kultur: Die eigenartigen knäueligen Mangoldsamen kann man direkt säen (Ende März bis Juli) oder vorziehen und verpflanzen. Abstand von Reihe zu Reihe bei Schnittmangold 20–30 cm, bei Stielmangold 30–40 cm, in der Reihe etwas enger. Den Boden ringsum offen halten. Normalerweise überwintert Mangold und schiebt im darauffolgenden Jahr sehr bald Blätter.
Ernte: Blätter mit Stielen über einen langen Zeitraum.
Verwendung: Schnittmangold wie Spinat, Stielmangold wie Spargel oder Schwarzwurzeln gedünstet und mit einer hellen Sauce oder einfach mit Olivenöl überträufelt serviert. Grüne Blattteile für Wickel oder Aufläufe.

Sorten: Schnittmangold: 'Grüner Schnitt'; Stielmangold: 'White Silver'; 'Walliser'; Blatt-Stielmangold: 'Lukullus' 'Bright Lights' – Stiele in Regenbogenfarben; 'Rhubarb Chard' – rotstielig.

Möhre

(Daucus carota subsp. *sativus)*

⬆ bis ca. 30 cm ○ ⊙

Herkunft: Doldenblütler, aus wilden Möhrenarten gezüchtet.
Kultur: Möhren ab Anfang März im Freiland aussäen (Reihenabstand 20–25 cm). Folgesaaten bis Mitte Juli.. Den Boden zwischen den Reihen lockern. Günstig für Möhren ist ein durchlässiger, tiefgründiger und humoser Boden.
Ernte: Bei trockenem Wetter zunächst mit der Grabegabel lockern, später herausziehen. Laub abdrehen oder ein paar Zentimeter über dem Rübenansatz abschneiden. Frühe Kulturen bald verbrauchen; Lagermöhren halten sich in einem kühlen Keller in Tontöpfen oder Plastikeimern monatelang knackig frisch.
Verwendung: Zum Knabbern, für Rohkostsalate, zum Dünsten, für Kuchen, für Füllungen, für Püree.

Sorten: 'Lange rote stumpfe ohne Herz' – lagerfähig; 'Juwarot' – hoher Carotingehalt; 'Flyaway' F_1 – tolerant gegen Möhrenfliege; 'Purple Haze' F_1 – violettblau mit orangefarbenem Herz, süß.

Neuseeländer Spinat, Sommerspinat

(Tetragonia tetragonioides)

⬆ bis ca. 20 cm ○ ⊙

Herkunft: Eiskrautgewächs vom australischen Kontinent und aus Japan, wurde im 19. Jahrhundert in Deutschland häufiger angebaut als heute.
Kultur: Der Neuseeländer Spinat eignet sich – im Gegensatz zum eigentlichen Spinat – auch für den Anbau im Sommer, weil er nicht schießt. Vorkultur im Haus, Pflanzen Anfang–Mitte Mai, Pflanz- und Reihenabstand ca. 50 cm. Braucht lange, bis er den Boden bedeckt; bis dahin kann man daneben Lückenfüller wie Radieschen oder Schnittsalat anbauen.
Ernte: Ernte der niederliegenden Triebe oder der einzelnen Blätter, treibt ständig nach. Sehr ertragreich.
Verwendung: Knackige Blatttriebe frisch für Salate.

Arten/Sorten: Eiskraut *(Mesembryanthemum crystallinum)* – Blatttriebe für Salat, lässt sich im Haus überwintern; Ausdauerndes Eiskraut *(Aptenia cordifolia)* – sukkulent.

Paprika

(Capsicum annuum)

⬆ bis ca. 1 m ○ ⊙

Herkunft: Nachtschattengewächs aus der Andenregion in Südamerika.
Kultur: Paprika muss man im Haus vorkultivieren. Säen Sie das Gemüse im Lauf des März. Die Kultur gelingt am sichersten im Gewächshaus; in warmen Gegenden und in warmen Sommern gedeiht Paprika auch im Freiland erstaunlich gut. Hier Ende Mai auspflanzen. Günstig ist die Topfkultur.
Ernte: Den ersten Fruchtansatz, die Königsblüte, bald entfernen, damit sich die Pflanze verzweigt und mehr Früchte ausbildet. Essbar sind sowohl die unreifen grünen oder gelben Schoten als auch die reifen roten.
Verwendung: Frisch für Rohkost, als Paprikagemüse, zum Füllen, für italienische Vorspeisen, zum Einlegen.

Sorten: 'Atris' F_1 – groß, kegelförmig; 'Pinokkio' F_1 – früh, zuerst hellgelb, orangerot abreifend; 'Mavras' F_1 – auberginefarben, rot abreifend; 'Medusa' F_1 – dekorativ, für Töpfe.

Peperoni, Chili

(Capsicum frutescens, C. annuum)

⬆ bis ca. 1 m ○ ⊙ und ♃

Herkunft: Nachtschattengewächs aus der Andenregion in Südamerika.
Kultur: Peperoni lassen sich gut selbst aus Samen ziehen (Aussaat im März). Pro Haushalt reichen – je nach Bedarf – wenige Pflanzen aus. Entweder im Gewächshaus kultivieren oder Ende Mai/Anfang Juni ins Freiland pflanzen. Sie eignen sich sehr gut für die Kultur in Töpfen, die Sie an eine warme, geschützte Stelle auf der Terrasse oder dem Balkon stellen können.
Ernte: Chilischoten kann man unreif, noch grün, ernten oder ausreifen lassen, bis sie richtig rot sind.
Verwendung: Mildere Sorten frisch zum Würzen, zum Einlegen in Essig und Öl, zum Trocknen. Die Schärfe sitzt in den Samenkörnern. Vorsichtig dosieren!

Arten/Sorten: 'Cayenne' – sehr scharf; 'Fireflame' und 'Sunflame' F_1 – sehr scharf; Glocken-Chili *(Capsicum baccatum)* – hübsche Fruchtform, etwa 1 m hoch und verzweigt.

Radieschen

(Raphanus sativus var. *sativus)*

⬆ bis ca. 20 cm ○–◑ ⊙

Herkunft: Kreuzblütler, stammt vermutlich aus Kleinasien.
Kultur: Radieschen entwickeln sich in wenigen Wochen von der Aussaat (von März bis September) bis zur Ernte. Damit nicht zu viele auf einmal erntereif werden, sollten Sie Radieschen immer in Sätzen säen, also etwa alle zwei Wochen eine kurze Reihe (Reihenabstand 10–15 cm). Bei Trockenheit gießen; genügend Feuchtigkeit schützt auch vor dem Befall mit Erdflöhen.
Ernte: Ernten Sie Radieschen, bevor sie schießen, sie sollen nicht pelzig und holzig sein.
Verwendung: Frisch zum Vespern; hübsch auch als essbare Dekoration auf kalten Platten; auch das Laub können Sie mitessen.

Sorten: Für Frühjahrs- und Herbstanbau: 'Eiszapfen' – weiß, lang, rettichartig; 'French Breakfast' (s. Foto) – mit weißer Spitze. Für Sommeranbau: 'Parat' – rund, rot; 'Raxe' – rot.

Rettich

(Raphanus sativus var. *niger)*

⬆ bis ca. 30 cm ○ ⊙

Herkunft: Kreuzblütler, sehr alte Kulturpflanze, die Römer brachten die Art über die Alpen.
Kultur: Ab April in Sätzen aussäen (Reihenabstand 20–40 cm). Gut feucht halten. Gedeiht auch gut in kühlem Klima. Unbedingt eine weite Fruchtfolge einhalten, sonst kommt es zur Rettichschwärze, einer Fruchtfolgekrankheit. Einige Sorten wie 'Minowase' oder 'Brauner Fridolin' (s. Foto) sind widerstandsfähig. Zum Schutz vor der Kohlfliege mit Kulturschutznetz abdecken.
Ernte: Nicht zu lange auf dem Beet stehen lassen, ernten, bevor die Wurzeln strunkig und pelzig werden. Herbst- und Winterrettiche halten sich im kühlen Keller monatelang.
Verwendung: Frisch zum Vespern, für Salat.

Sorten: 'Hilds Roter Neckarruhm' – raschwüchsig; 'Münchner Bier' – weiß, würzig; 'Runder schwarzer Winterrettich' – scharf; 'Minowase' – lange, dicke Rübe, für Sommeranbau.

Rhabarber

(Rheum rhabarbarum)

⬆ bis ca. 1,5 m ○–◑ ♃

Herkunft: Der Gemüse-Rhabarber aus der Familie der Knöterichgewächse wird in Europa erst seit dem 18. Jahrhundert angebaut.
Kultur: Rhabarber ist ein Nährstoffräuber. Auf Kompostgaben im Herbst oder im Frühjahr reagiert er mit kräftigem Wuchs. Er gedeiht auch an einem leicht beschatteten Platz. Blütentriebe möglichst ausbrechen, da das Blühen auf Kosten des Ertrages geht.
Ernte: Erntezeit von April bis Ende Juni. Bitte nehmen Sie nicht zu viele Stiele auf einmal weg. Wichtig: Die Stiele an der Basis sanft abdrehen! Bei den Stielen brauchen Sie die Haut nicht abzuziehen.
Verwendung: Für Kompott, als Kuchenbelag, für Marmelade, eignet sich auch zum Einfrieren.

Sorten: 'Holstein Blut' – rotstielig; 'Vierländer Blut' – rotstielig, milde Säure; 'Esta' – starkwüchsig, dicke Stiele; 'Frambozen Rood' – himbeerrote Stiele.

Rucola, Rauke

(Eruca sativa)

⬆ ca. 20 cm (blühend ca. 50 cm) ○–◑ ⊙ und ♃

Herkunft: Kreuzblütler aus dem Mittelmeerraum.
Kultur: Für Frühjahrs- und Herbstanbau. Keimt schon bei niedrigen Temperaturen und wächst sehr schnell. Am besten ab März in mehreren Sätzen säen (Reihenabstand ca. 20 cm), damit über längere Zeit geerntet werden kann. Wenn die Tage zum Sommer hin länger werden, schießt der einjährige Rucola sehr schnell. Die ausdauernde, buschig wachsende Wilde Rauke *(Diplotaxis tenuifolia)* kann laufend den ganzen Sommer über geerntet werden. Zur Blütezeit werden die Blätter hart, dann empfiehlt sich ein Rückschnitt.
Ernte: Laufend ernten, mit dem Messer Blattbüschel abschneiden.
Verwendung: Frisch für Blattsalate, als Pizzabelag, zu Pasta.

Arten/Sorten: 'Runway' – Rucola-Hybride, sehr schnellwüchsig; Wilde Rauke *(Diplotaxis tenuifolia)* – ausdauernd, schmale Blätter. 'Romo' – dunkelgrün, 'Speedy' – schnellwüchsig.

Salate (Kopfsalat, Eissalat, Pflücksalat, Römischer Salat)

(Lactuca sativa var. *capitata, L. s.* var. *crispa, L. s.* var. *longifolia)*

⬆ bis ca. 20 cm (blühend ca. 1,5 m) ○ ⊙

Herkunft: Korbblütler aus wilden Lattich-Arten gezüchtet.
Kultur: Die ersten Salatpflanzen fürs Frühbeet und Gewächshaus am besten kaufen. Schnitt- und Pflücksalat direkt säen. Für die Kultur im späten Frühjahr und Sommer kann man auch selbst in Saatkisten oder im Frühbeet säen (Aussaat von März bis Juli). Salat immer in Sätzen säen oder pflanzen, nie von einer Sorte zu viel, damit nicht ein ganzes Beet oder eine ganze Reihe auf einmal erntereif ist. Bei der Sortenwahl unbedingt darauf achten, ob sich die jeweilige Sorte für den gewünschten Kulturzeitraum eignet. Sorten für Frühjahrsanbau beginnen im Sommer schnell zu schießen und bilden keine Köpfe.
Salat hoch pflanzen, sodass die Blätter anfangs »im Wind flattern« (Abstand 25–40 cm). Salate mögen humusreiche, durchlässige Böden und ausgeglichene Bodenfeuchtigkeit. Eine Mulchdecke oder ein Mulchvlies hält die Feuchtigkeit im Boden und schützt das flach streichende Wurzelsystem. Gute Mischkultur mit Kohlrabi und mit Rettich und Radieschen. Salate sind leider begehrtes Futter für Nacktschnecken. Um die jungen, zarten Pflänzchen zu schützen, kann es nötig sein, biologisches Schneckenkorn zu streuen. Römischer Salat, der festere Blätter hat, wird kaum gefressen.
Ernte: Salate bei warmem Wetter morgens ernten, dann halten sie länger frisch und können in Folie gehüllt 1–2 Tage lang im Kühlschrank aufbewahrt werden. Eissalat und Römischer Salat halten sich im Kühlschrank eingehüllt in Folie lange.
Verwendung: Frisch für grüne Blattsalate, auch gedünstet.

Arten/Sorten: Kopfsalat: 'Maikönig' – für sehr frühe Kultur; 'Attraktion' – Frühsommersorte; 'Dynamite' – resistent gegen die Grüne Salatblattlaus; 'Fiorella' – viele Resistenzen, Eissalat: 'Fortunas' – schossfest. Pflücksalat: 'Lollo rossa', 'Lollo bionda' – gekrauste Blätter; 'Eichblattsalat' (s. Foto links); Römischer/Romana-Salat *(Lactuca sativa* var. *longifolia)* – (s. Foto rechts oben).

Spinat

(Spinacia oleracea)

⬆ bis ca. 40 cm ○ ⊙–⊙

Herkunft: Gänsefußgewächs, Anbau in Europa seit dem 12. Jahrhundert, hat nach und nach grüne Blattgemüse wie Melde und Guten Heinrich verdrängt.
Kultur: Säen Sie Spinat in Reihen aus (Abstand 20–40 cm), am besten satzweise. damit nicht zu viel Blattmasse gleichzeitig zum Ernten ansteht. Es sei den, Sie mulchen mit dem Spinat zwischen den Gemüsereihen. Spinat mag einen tiefgründigen, humosen Boden. Auf Sandböden gedeiht er nur, wenn er gut mit Wasser und Nährstoffen versorgt wird.
Ernte: Laufend die frischen Blätter bis zur beginnenden Blüte.
Verwendung: Frisch für Blattsalate, für Gemüse, für Füllungen, zum Beispiel für Maultaschen, zum Einfrieren.

Sorten: 'Matador' – für Frühjahrs- und Herbstanbau; 'Monnopa' F_1 – für Überwinterungsanbau; 'Bolero' F_1 – mehltauresistent; 'Lazio' F_1 – schossfest, für Ganzjahresanbau geeignet.

Stangenbohne

(Phaseolus vulgaris var. *vulgaris)*

⬆ bis ca. 3 m ○ ⊙

Herkunft: Schmetterlingsblütler aus Südamerika.
Kultur: Aussaat Anfang Mai bis Juni, wenn der Boden sich auf über 10 °C erwärmt hat. In Horsten säen, Samen vorher ca. 12 Stunden lang quellen lassen. Vor Schneckenfraß schützen. Braucht während der Blüte und Fruchtausbildung viel Wasser. Stangenbohnen winden sich gut an Holzstangen in die Höhe und geben einen guten Sichtschutz. Keine Lauchgewächse in der Nachbarschaft pflanzen.
Ernte: Die Hülsen entweder grün ernten oder zu Trockenbohnen ausreifen lassen.
Verwendung: Bohnen nie roh essen, nur gekocht – als Bohnengemüse, für Salat oder Suppe. Eignen sich – blanchiert – gut zum Einfrieren.

Sorten: 'Blauhilde' – blauhülsig; 'Neckarkönigin' – bewährte Sorte. Prunk- und Feuerbohnen *(Phaseolus coccineus)*: 'Hestia' – weißrote Blüten, niedrig; 'Preisgewinner' – rot blühend.

Tomate

(Lycopersicon esculentum)

⬆ bis ca. 3 m ○ ⊙

Herkunft: Nachtschattengewächs aus der Andenregion in Südamerika. In Deutschland erst seit etwa hundert Jahren als Gemüsepflanze in Kultur.
Kultur: Im Haus vorkultivieren mit Aussaat Ende Februar bis Mitte März, ein- oder zweimal in größere Töpfe umtopfen, ins Freie auspflanzen nach Mitte Mai. Dafür ein tiefes Pflanzloch (20–30 cm) ausheben und den Boden mit Kompost anreichern. Mit weitem Abstand von mindestens 50 cm pflanzen. Gut in Mischkultur mit Petersilie, Sellerie.
Die Tomaten an einem (Spiral-)Stab in die Höhe leiten, alle Seitentriebe ausgeizen. Buschtomaten braucht man nicht auszugeizen. Sorgen Sie dafür, dass die Pflanzen gut mit Dünger und Wasser versorgt werden. Eventuell flüssig mit Brennnesseljauche oder mit organischem Dünger nachdüngen.
Am besten gedeiht die wärmeempfindliche Tomate im Kleingewächshaus. Hier können Sie früher pflanzen und länger ernten. Im Gewächshaus ist die Kultur auch vor schädlichen Pilzkrankheiten, die oft Probleme bereiten, weitgehend geschützt. In regenreichen Sommern kann die Kraut- und Braunfäule zu Totalausfällen führen. Schutz vor Regen bietet auch ein Tomatenhaus oder ein Dachvorsprung. Lässt sich auch gut in Töpfen auf Balkon und Terrasse kultivieren.
Ernte: Fortlaufend die reifen Früchte, etwa ab Mitte Juli. Grün geerntete Früchte reifen im Haus nach. Unreife Früchte sind leicht giftig.
Verwendung: Beliebtestes Gemüse – zum Vespern, für Salate, Suppen, Saucen, als Pizzabelag, für Ketchup und Chutney, zum Einlegen und Trocknen.

Sorten: Kirsch- und Cocktailtomaten: 'Picolino' F_1 – lange Trauben, platzfest; 'Yellow Pearshaped' – gelbe birnenförmige. Stabtomaten: 'Harzfeuer' F_1 – früh; 'Vitella' F_1 – widerstandsfähig; 'Vanessa' F_1 – Longlife-Tomate; 'Baumtomate' – wird über 3 m hoch, widerstandsfähig; Fleischtomaten: 'Myrto' F_1, 'Ochsenherz' (s. Foto rechts). Buschtomaten: 'Tumbling Tom Red', 'Siderno' F_1.

Zucchini

(Cucurbita pepo)

⬆ bis ca. 50 cm, auch kletternd ○ ⊙

Herkunft: Kürbisgewächs aus Zentralamerika; erst seit den 1960er Jahren in Deutschland bekannt geworden.
Kultur: Zucchini ab Ende April in Töpfchen im Haus vorziehen. Pro Haushalt reichen ein oder zwei Pflanzen. Das Kürbisgewächs braucht guten, nahrhaften Boden und reichlich Wasser, dann entwickeln sich viele Früchte. Kälte schadet dem wärmebedürftigen Gewächs. Im Spätsommer fast immer Befall mit Echtem Mehltau, der mal mehr, mal weniger schadet. Eventuell widerstandsfähige oder resistente Sorten wählen.
Ernte: Zucchini möglichst jung ernten.
Verwendung: Für Gemüsegerichte, für Aufläufe, als Pizzabelag, zum süß-sauer Einlegen.

Sorten: 'Diamant' F_1 – grüne Standardsorte; 'Gold Rush' F_1 – gelbfrüchtig; 'Black Forest' F_1 – klettert; 'Sunburst' F_1 – gelb mit Grün, Ufo-förmig; 'Striato d'Italia' – samenechte Ur-Zucchino.

Zuckermais

(Zea mays)

⬆ bis ca. 2,5 m ○ ⊙

Herkunft: Aus der Familie der Süßgräser, stammt wahrscheinlich aus Mexiko und Zentralamerika.
Kultur: Mais braucht sehr viel Wärme. Vorkultur im Haus ab Anfang April. Im Freiland erst im Mai/Juni säen, wenn der Boden sich auf 10 °C erwärmt hat. Reihenabstand 60–100 cm, in der Reihe 20–40 cm. Wegen des hohen Wuchses an den Rand der Gemüsebeete pflanzen. Den Boden um den Mais immer gut durchhacken. Eignet sich gut als Sichtschutz.
Ernte: Pro Pflanze entwickeln sich 2–3 Maiskolben. In der Milchreife ernten.
Verwendung: Schmecken vorzüglich roh oder in Salzwasser gedünstet und als Beilage zu Gegrilltem. Ziermais getrocknet zur Dekoration.

Sorten: 'Challenger' F_1 – süß; ,'Early Extra Sweet' F_1 – extrasüß, große Kolben; 'Golden Beauty' – samenechte Sorte; 'Tasty Gold' F_1 – süß. Ziermais 'Harlekin' – rundovale Kolben.

Zwiebel

(Allium cepa)

⬆ bis ca. 30–40 cm ○ ⊙–⊙

Herkunft: Liliengewächs, schon seit Jahrtausenden in Kultur.

Kultur: Üblich ist die Kultur als Steckzwiebel. Dazu stecken Sie die kleinen Zwiebelchen im März oder April mit der Spitze nach oben in den Boden, in Reihen oder Doppelreihen im Abstand von ca. 15 cm. Gut festdrücken! Es kann passieren, dass die Zwiebelchen »herausspringen«. Schon bald erscheinen die grünen Triebe. Den Boden immer gut durchhacken und offen halten. Wenig oder gar nicht düngen! Verträgt sich nicht mit Erbsen und Bohnen! Gute Mischkulturpartner sind Möhren und Erdbeeren. Eine andere Möglichkeit ist die Säkultur mit den Steckzwiebelsorten oder mit so genannten Gemüsezwiebeln, die sehr groß werden, wenn man sie früh – bereits ab Januar – sät. Interessant ist auch der Überwinterungsanbau mit Aussaat im August. Bei Zwiebeln kommt es oft vor, dass sie »schossen«, d.h. zur Unzeit Blüten ausbilden, was nicht erwünscht ist. Dieses Phänomen ist eine Reaktion der Zwiebeln auf einen Kälteeinbruch, wobei manche Sorten stark reagieren und andere ziemlich schossfest sind.

Ernte: Lassen Sie die Zwiebeln immer gut abreifen. An einem sonnigen, trockenen Tag zuerst mit der Grabegabel im Boden lockern, später herausziehen, ein paar Stunden lang abtrocknen lassen und vom Beet holen. In Holzkisten lagern. Laub einziehen lassen und erst wenn es trocken ist entfernen. Solange das Laub noch grün ist, kann man auch dekorative Zwiebelzöpfe flechten. Zwiebeln luftig, kühl und trocken lagern.

Verwendung: Feingewiegt für Salatsauce, in Scheiben als Brotbelag, für kalte Platten und Wurstsalat, gedünstet als Gemüse, für Zwiebelkuchen und Zwiebelsuppe.

Arten/Sorten: 'Stuttgarter Riesen' – gut lagerfähig; 'Piroska' – rotschalig; 'Rote Braunschweiger' – rot, plattrund; 'Alisa Craig', 'The Kelsae' – große Gemüsezwiebeln; 'Presto', 'Radar' – zum Stecken im August; 'Express Yellow' – für Aussaat im August; 'Bunching Star' – Lauchzwiebel; Schalotte *(Allium cepa* Aggregatum-Gruppe*)* – bildet Brutzwiebeln, mild (s. Foto rechts).

Bärlauch

(Allium ursinum)

bis ca. 20–30 cm ◑–● ✿ 5–6 ♃

Herkunft: Einheimisches Liliengewächs, wächst in schattigen Laubwäldern.
Kultur: Aussaaten im Garten gelingen meist nicht; mehr Erfolg haben Sie mit dem Auspflanzen der Zwiebeln im Herbst. Den Bärlauch nach der Blüte einziehen lassen und an der Stelle den Boden nicht bearbeiten. Den Rest des Jahres ist von der Pflanze oberirdisch nichts zu sehen. Wenn der Platz dem Bärlauch gefällt, versamt er sich selbst und bildet bald große Bestände.
Ernte: Ab Ende März, sobald die Blätter aus dem Boden spitzen, bis Mai. Die jungen Blütenstände sind ebenfalls essbar und lassen sich gut zum Dekorieren verwenden.
Verwendung: Frisch zum Würzen, für Salate, Pesto, Gemüsegerichte, zum Einlegen in Schnaps.

Arten/Sorten: Es gibt zahlreiche weitere wilde *Allium*-Arten, alle mit schmaleren Blättern, bei denen hauptsächlich die Zwiebelchen geerntet werden, z.B. den Weinbergslauch *(Allium vineale)*.

Basilikum

(Ocimum basilicum)

bis ca. 40 cm ○ ✿ 6–8 ⊙ und ♃

Herkunft: Lippenblütler aus den Tropen und Subtropen. Viele Arten, auch ausdauernde, und Sorten mit kleinen und großen, glatten und krausen Blättern, auch purpurfarbene.
Kultur: Basilikum jedes Jahr neu aussäen und später verpflanzen, sodass sich die einzelnen Sämlinge gut entwickeln können. Das Kraut gedeiht nur bei Temperaturen über 10 °C. Geben Sie ihm den wärmsten und sonnigsten Platz im Garten oder in Töpfen auf Terrasse und Balkon oder pflanzen Sie es gleich ins Gewächshaus.
Ernte: Ernten Sie ganze Triebe von der Pflanze vor der Blüte, nicht einzelne Blätter. So wächst die Pflanze buschig weiter und bildet erst spät Blüten aus. Am besten frisch verwenden, verfärbt sich beim Trocknen.
Verwendung: Frisch für Caprese, für Pizza, Pasta, Pesto.

Arten/Sorten: 'Genoveser Basilikum' – großblättrig; 'Dark Opal' – purpurrote Blätter; Zitronen-Basilikum; Thai-Basilikum; Wildes Basilikum *(Ocimum canum)* – ausdauernd.

Bohnenkraut

(Satureja hortensis)

⬆ ca. 20–60 cm ○ ✿ 7–10 ⊙ und ♃

Herkunft: Lippenblütler aus dem Mittelmeerraum.
Kultur: Bohnenkraut versamt sich auf dem Gemüsebeet meistens selbst. Fühlt sich wohl auf offenen Gartenbeeten mit durchlässigen Böden. Steht gut in Mischkultur mit Buschbohnen oder Stangenbohnen. Lockt Bienen an! Kaum Pflege nötig.
Ernte: Das blühende Kraut frisch verbrauchen oder trocknen. Für die Küche braucht man nicht viel.
Verwendung: Typisches Gewürz für Gerichte mit Grünen Bohnen. Ausdauerndes Bohnenkraut dekorativ in Gewürzsträußchen.

Arten/Sorten: 'Aromata' – kompakte Form; Berg-Bohnenkraut *(Satureja montana)* – ausdauernd; Zitronen-Bohnenkraut *(Satureja biflora)*; auch hängende und kriechende Formen.

Borretsch

(Borago officinalis)

bis ca. 80 cm ○ ✿ 6–10 ⊙

Herkunft: Raublattgewächs aus dem Mittelmeerraum, aus dem Nahen Osten bis Iran, in Mitteleuropa auch verwildert.
Kultur: Borretsch sät sich in aller Regel selbst aus. Das einjährige Kraut wird gesät. Borretsch liebt nährstoffreichen, frischen Boden. Geben Sie der üppig wuchernden Pflanze viel Platz; sie legt sich oft nieder. Gute Bienenweide!
Ernte: Junge Blätter während der ganzen Vegetationsperiode, auch die Blüten. Ältere Blätter sind zu rau (kratzig) und hart zum Essen.
Verwendung: Blätter feingewiegt für Salatsaucen, für Kräuterquark. Blüten für Tee, in Bowle, als Streublümchen auf Blütenbrote oder Salate.

Arten/Sorten: Weiß blühender Borretsch – Wuchs wie der blau blühende. Ausdauernder Borretsch *(Borago laxiflora)* – verträgt Frost bis –10 °C, am besten im Haus überwintern.

Dill

(Anethum graveolens)

⬆ je nach Sorte bis ca. 150 cm ○ ✿ 6–9 ⊙

Herkunft: Doldenblütler, ursprünglich aus Südostasien.
Kultur: Im Frühjahr zusammen mit Möhren, Roten Rüben oder Gurken in die Reihen im Garten säen. Das Kraut keimt schnell und zeigt an, wo die Reihen verlaufen. Lassen Sie immer ein paar Exemplare des Dills zur Samenreife kommen, damit er sich selbst aussäen kann.
Ernte: Ernten Sie laufend die jungen, fiedrigen Blätter, auch die doldigen Blüten- und Samenstände.
Verwendung: Am besten frisch verwenden – fein gewiegt für Salate, zu Fisch, für Remoulade, die Blüten- und Samenstände zum Eindünsten von Gurken oder anderen Sauerkonserven. Lässt sich auch trocknen, verliert dabei aber Aroma.

Sorten: 'Tetra' – sehr ertragreich, bis 150 cm hoch; 'Bouquet – niedrig, ca. 75 cm hoch, kompakt; 'Farnblättriger' – niedrig, blüht spät, für Topfkultur; 'Vierling' – schön in Blumensträußen.

Eberraute

(Artemisia abrotanum)

⬆ bis ca. 100 cm ○ ✿ 10 Hs

Herkunft: Korbblütler aus dem Mittelmeerraum.
Kultur: Mit ihren fein gefiederten, grüngrauen Blättchen wirkt die Eberraute sehr dekorativ. Schneiden Sie die niedrigen Sträuchlein im Frühjahr, wenn die strengen Fröste vorüber sind, bis ins Holz zurück. Die Eberraute lässt sich sehr gut aus Stecklingen vermehren. Schön als niedrige, geschnittene, duftende Begrenzungshecke.
Ernte: Die fein gefiederten Blätter frisch verwenden oder trocknen.
Verwendung: Eberrautenblätter riechen und schmecken aromatisch-bitter, mit zitronigem Beiklang. Sehr sparsam für Salatsaucen und besondere Kreationen verwenden. Gut auch zum Einlegen in Schnaps als verdauungsfördernde Medizin.

Arten/Sorten: Neben der Art gibt es auch eine feinblättrige Variante: Kampfer-Eberraute *(Artemisia alba)* – feinblättrig, kampferartiger Duft, zur Zierde bzw. als Duftkraut.

Estragon

(Artemisia dracunculus)

⬆ bis ca. 160 cm ○–◑ ✿ 8–10 ♃

Herkunft: Korbblütler aus Russland bzw. vom asiatischen Kontinent, aber auch aus Alaska, Kanada und Teilen der USA.
Kultur: Vom Estragon genügt eine Pflanze im Garten. Er kann recht groß werden und Nachbarpflanzen bedrängen – kurz, er kann leicht zum »Unkraut« werden. Der französische Estragon braucht guten, nahrhaften Boden. Vermehrung durch Teilung und Stecklinge; der russische auch durch Aussaat.
Ernte: Ernten Sie die jungen Triebspitzen oder einzelne Blätter.
Verwendung: Wird gerne in der feinen Küche verwendet für die berühmte Sauce béarnaise, zum Einlegen in Essig, als Salatwürze, gut zu Fisch; junge Triebe auch als Wildgemüse.

Sorten: Russischer Estragon – wird hoch; Französischer Estragon – niedrig, feiner anisartiger Geschmack, wird nicht bitter; Deutscher Estragon – robuster, geschmacklich eine Mischung.

Gartenkresse

(Lepidium sativum)

⬆ bis ca. 40 cm ○ ✿ 5–7 ⊙

Herkunft: Kreuzblütler aus Kleinasien, Iran, Nordafrika.
Kultur: Wichtiges Frühjahrskraut, das bei sehr niedrigen Temperaturen keimt. Ab März kann man es direkt in den Garten säen – breitwürfig oder in Reihen von ca. 15 cm Abstand. Ab Mai nicht mehr säen, da es bei länger werdenden Tagen sehr schnell in Blüte geht. Kultur auch im Zimmer als Keimsaat möglich. Die Gartenkresse eignet sich als Vorkultur vor Tomaten und anderen Gemüsen, die spät gepflanzt werden.
Ernte: Zum Ernten am besten die Schere nehmen; büschelweise schneiden.
Verwendung: Zum Dekorieren von kalten Platten, zu gekochten Eiern, für Salate, für Osterteller.

Arten: Ausdauernde Kresse *(Lepidium latifolium)* – einheimische Pflanze aus der Küstenregion; Brunnenkresse *(Nasturtium officinale)* – Wildpflanze an Quellbächen.

Gewürzfenchel

(Foeniculum vulgare subsp. *vulgare* var. *dulce)*

⬆ bis ca. 250 cm ○ ✿ 7–10 ♃

Herkunft: Doldenblütler aus dem Mittelmeerraum.
Kultur: Eine Pflanze genügt. Bitte beachten sie, dass der Gewürzfenchel viel Raum braucht. Er macht sich gut als Mittelpunkt in einem Kräuterbeet. Wenn Sie die Pflanze zur Samenreife kommen lassen, verstreuen sich die Samen, und es erscheinen in den Folgejahren überall Sämlinge. Gewürzfenchel lässt sich schlecht verpflanzen, da er eine Pfahlwurzel ausbildet.
Ernte: Junge Blätter, auch die jungen Sprosse als Gemüse. Samenstände noch nicht ganz vollreif ernten, im Haus nachtrocknen lassen.
Verwendung: Junge Blätter wie Dill; die Samenkörner zum Würzen und Brotbacken und für Tee. Blütendolden zur Dekoration.

Sorten: 'Berfena' – kompakter Wuchs; Bronzefenchel *(Foeniculum vulgare* var. *rubrum)* – rotviolettes Laub; Sizilianischer Fenchel *(Foeniculum vulgare* 'Regaleali'*)* – schmeckt dillartig.

Kapuzinerkresse

(Tropaeolum minus und *T. majus)*

⬆ bis 30 cm, auch kletternd ○–◑ ✿ 6–10 ⊙

Herkunft: Kapuzinerkressegewächse stammen aus der Andenregion – Kolumbien, Peru, Ecuador.
Kultur: Jedes Jahr neu durch Aussaat vermehren. Im Haus vorziehen, erst nach den Eisheiligen auspflanzen. Sehr kälteempfindlich; stirbt im Herbst beim ersten Frost ab. Braucht guten, nahrhaften Boden und viel Feuchtigkeit. Entwickelt sich oft erst zum Herbst hin üppig. Hübsche Randbepflanzung, gut auch nach Kulturen, die früh räumen.
Ernte: Blätter, Blüten, Blütenknospen, unreife Samenkörner.
Verwendung: Blätter und Blüten zu Salaten. Unreife Samenkörner und Knospen zum Einlegen in Essig als Kapernersatz. Medizinisch wertvoll als »pflanzliches Antibiotikum«.

Sorten: 'Red Wonder' – kompakt wachsend, dunkelrot gefärbte Blüten; 'Alaska' – weiß-bunte Blätter; 'Ladybird' – Blüte zitronengelb mit Rot; 'Kaiserin von Indien' – kleinwüchsig.

Kerbel

(Anthriscus cerefolium)

⬆ bis ca. 60 cm ○–◑ ✿ 5–8 ⊙

Herkunft: Der Doldenblütler stammt ursprünglich aus Südosteuropa und Russland und vom asiatischen Kontinent. Er wird jedoch schon sehr lange in mitteleuropäischen Gärten kultiviert und ist an manchen Orten aus den Gärten heraus verwildert.
Kultur: Der Gartenkerbel mag eher ein kühles, feuchtes Klima. Er gedeiht deshalb in solchen Gebieten besser als in warmen Regionen. Entweder im Frühjahr oder im Herbst auf freien Flächen im Gemüsegarten säen. Im Sommer beginnt Kerbel sehr schnell zu blühen.
Ernte: Frisches Kraut, auch die Blüten und Stängel.
Verwendung: Anisartiger Geschmack, den man mögen muss. Kerbel passt in Salatsaucen, zu Eierspeisen, für Kerbelsuppe.

Arten/Sorten: Myrrhen-Kerbel, Süßdolde *(Myrrhis odorata)* – ausdauernde Pflanze mit anisartigem Aroma, verwendbar sind die Blätter und die Samenkörner mit Lakritzaroma.

Knoblauch

(Allium sativum)

⬆ bis ca. 60 cm ○ ♃

Herkunft: Liliengewächs, seit Jahrtausenden in Kultur.
Kultur: Im Herbst (September-Oktober) oder im Frühjahr (März/April) einzelne Zehen ca. 4 cm tief stecken, sodass die Spitze nach oben zeigt. Nehmen Sie Zehen von der vorherigen Ernte oder speziellen Knoblauch zum Pflanzen. Braucht kalkhaltigen Boden. Den Boden um Knoblauch offen halten.
Ernte: Die Knollen bei trockenem Wetter aus dem Boden ziehen und auf dem Beet nachtrocknen lassen. Trocken und kühl lagern.
Verwendung: Frisch, fein gehackt oder durch die Knoblauchpresse gepresst. Mitgebraten oder mitgedünstet in pikanten Gerichten, auch mit Hülle zu Braten. Zum Einlegen in Öl oder in Essig, für Chutney. Wertvolle Medizin!

Arten/Sorten: 'Blanc de Lautrec' und 'Rose de Lautrec' – weißer und rosafarbener französischer Pflanzknoblauch; Schnittknoblauch *(Allium tuberosum)* – zur Blatternte.

Lavendel

(Lavandula angustifolia)

⬆ bis ca. 80 cm ○ ✿ 6–7 Hs

Herkunft: Lippenblütler aus dem Mittelmeerraum. In Frankreich wird Lavendel auf Feldern angebaut. Aus den Pflanzen wird dort noch auf dem Feld ätherisches Öl destilliert.
Kultur: Lavendel mag es trocken und karg, ein guter Platz für ihn ist hinter einer Mauerkrone. Rückschnitt im Frühjahr und nach der Blüte im August bis ins Holz. Schön als Kräuterhecke oder zu Rosen.
Ernte: Blütentriebe im Juni/Juli, Blütenstängel kopfüber zum Trocknen aufhängen.
Verwendung: Blütentriebe für Tee, Blüten für Potpourris, für Eis und Desserts, für Würzmischungen. Lavendel ist reich an ätherischen Ölen, die eine wohltuende, beruhigende Wirkung auf den Menschen haben.

Arten/Sorten: 'Hidcote Blue' – niedrig, dunkelviolett, gut für Hecken; Provence-Lavendel *(Lavandula × intermedia)* – lange Stängel, wüchsig; Speicklavendel *(Lavandula latifolia)* – verzweigt.

Liebstöckel, Maggikraut

(Levisticum officinale)

⬆ bis ca. 2 m ○–◑ ✿ 7–8 ♃

Herkunft: Doldenblütler aus dem Iran.
Kultur: Eine Pflanze pro Haushalt genügt. Ältere, gut bestockte Pflanzen lassen sich mit dem Spaten gut teilen. Auch durch Aussaat vermehrbar. Liebstöckel ist ein Räuber: Die Pflanze braucht viel Platz, viel Dünger – am besten in Form von Kompost – und viel Wasser. Dann entwickelt sie sich zu üppigen »Büschen«.
Ernte: Ab dem Austrieb bis zum Absterben im Herbst kann man laufend die Blätter ernten. Wenn Blütentriebe erscheinen, diese ausbrechen.
Verwendung: Frische Blätter feingewiegt für Vinaigrette zu Salaten und als Suppenwürze, lässt sich gut trocknen. Sparsam dosieren.

Sorten: 'Magnus' – wächst einheitlicher als die Art, für den Erwerbsanbau; 'Mittelgrobblättriger' – keine Sorte, sondern Formengemisch.

Lorbeer

(Laurus nobilis)

⬆ bis ca. 2 m ○–◑ ✿ 4–5 Str

Herkunft: Der immergrüne Strauch aus der Familie der Lorbeergewächse stammt aus dem östlichen Mittelmeergebiet und ist heute im ganzen Mittelmeerraum verbreitet.
Kultur: Lorbeer wird in Kübeln gezogen. Er verträgt zwar Frost bis ca. –10 °C, harte mitteleuropäische Winter übersteht er jedoch nicht und muss deshalb im Haus überwintern. Kann früh, bereits im März, wieder ins Freie umziehen. Der schnittverträgliche Strauch kann als Säule, Pyramide oder Kugel gezogen werden. Hübsch sehen Hochstämmchen aus.
Ernte: Die Blätter kann man das ganze Jahr über frisch ernten oder im Lauf des Sommers trocknen.
Verwendung: Für Eintöpfe, zu Linsensuppe, als Bratenwürze, zum Marinieren.

Sorten: Im Handel sind keine Sorten bekannt. Die Blattform und die Blattfarbe unterscheiden sich jedoch etwas bei den einzelnen Pflanzen.

Majoran

(Origanum majorana)

⬆ bis ca. 20 cm ○ ✿ 6–9 ⊙

Herkunft: Lippenblütler aus dem nordafrikanischen und arabischen Raum.
Kultur: Im April säen. Die winzigen Sämlinge bald pikieren. Nach den Eisheiligen ins Freiland an einen sonnigen Ort pflanzen. Selbst gesäte Pflänzchen brauchen lange, bis sie sich entwickeln. Topfkultur ist auch möglich.
Ernte: Die Triebe des kleinen Kräutleins kann man im Sommer und Herbst frisch verwenden oder für den Wintervorrat trocknen.
Verwendung: Majoran heißt landläufig auch Wurstkraut, weil es zum Würzen von Würsten, hauptsächlich von Leberwurst, verwendet wird. Sein herb-würziges Aroma schmeckt überall heraus. Deshalb nur deftige Gerichte damit würzen.

Arten/Sorten: Winterfester Majoran *(Origanum × majoricum)* – nur vegetativ vermehrt, sehr aromatisch; Dost oder Wilder Majoran *(Origanum vulgare)* – ausdauernd, minziges Aroma.

Minze

(*Mentha*-Arten und -Sorten)

⬆ je nach Art und Sorte bis ca. 100 cm ○–◑ ✿ 7–8 ♃

Herkunft: Lippenblütler; einheimische Arten sowie Arten aus anderen Erdteilen kreuzen sich leicht untereinander. Sehr viele Sorten mit mehr oder weniger hohem Mentholgehalt.

Kultur: Minzen lieben feuchten, nahrhaften Boden. Einige Arten wie die Apfelminze oder Spearmint breiten sich durch Wurzelausläufer mitunter stark aus. Der Vorteil der Stauden ist, dass sie sich leicht durch Teilen vermehren lassen. Räumen Sie den einzelnen Arten und Sorten viel Platz am Rand des Küchengartens ein und pflanzen Sie sie nicht neben zarte Gewächse, die sich schlecht behaupten können. Eventuell senkrechte Barrieren, die die Ausläufer stoppen, in den Boden einsenken.

Ideal sind Minzen als Unterpflanzung für Beerenobst-Hochstämmchen. Sie kommen mit dem lichten Schatten unter Gehölzen gut zurecht. Gelegentliche Kompostgaben tun den Stauden gut. Nach einigen Jahren brauchen Minzen einen anderen Platz, um keine Fruchtfolgeschäden davonzutragen. Minzen lassen sich auch in größeren Kästen oder Kübeln kultivieren.

Ernte: Blatttriebe vom Frühjahr bis zum Herbst (ganze Triebe abschneiden, nicht nur einzelne Blätter abzupfen), beste Erntezeit bei beginnender Blüte. Mehrfach zu beernten. Ein Tipp: Streifen Sie zum Trocknen die Blätter vom Stängel ab; so trocknen sie viel schneller als die ganzen Triebe.

Verwendung: Frisch oder getrocknet eines der besten Teekräuter, erfrischend, kräftigend, auch für Minz-Chutney und für Desserts. Für Kinder mentholarme Sorten wie die milde Orangenminze zubereiten.

Arten/Sorten: Englische Minze *(Mentha* x *piperita* 'Mitcham') – kräftiger Aufguss, rötlich überhaucht (s. Foto oben links); Spearmint *(Mentha spicata)* – Kaugummiaroma; Marokkanische Minze (*Mentha spicata* var. *crispa)*; Apfelminze *(Mentha rotundifolia)* – behaarte Blätter, mild; Ananasminze *(Mentha suaveolens* 'Variegata', s. Foto oben rechts) – Orangenminze *(Mentha piperita* var. *citrata)*.

Petersilie

(Petroselinum crispum)

bis ca. 90 cm ○–◑ ✿ 6–7 ☺

Herkunft: Doldenblütler aus Südosteuropa und Nordwestafrika.
Kultur: Petersilie gedeiht am besten auf nahrhaftem, etwas feuchtem Boden. Säen Sie entweder im Frühjahr oder im August gleich nach der Samenreife. Augustsaaten gelingen meist besser als Frühjahrssaaten. Petersilie überwintert und treibt im Frühjahr rasch aus, sie beginnt dann zu blühen und stirbt nach der Samenreife ab. Günstig ist es, um die Petersilienpflanzen herum zu mulchen, damit bei Regen die Erde nicht hochspritzt und die Blätter verschmutzt.
Ernte: Blätter und Samen.
Verwendung: Zum Überstreuen für Suppen und Saucen, als Salatwürze, auch zum Trocknen oder zum Einfrieren in Eiswürfeln.

Arten/Sorten: 'Mooskrause' – stark gekraust, dekorativ, in Süddeutschland üblich; 'Gigante d'Italia', Italienische Petersilie *(Petroselinum crispum* var. *neapolitanum)* – glattblättrig (s. Foto).

Pimpinelle, Kleiner Wiesenknopf

(Sanguisorba minor)

bis ca. 50 cm ○ ✿ 5–8 ♃

Herkunft: Rosengewächs. Der Kleine Wiesenknopf wächst in Süddeutschland wild an trockenen Böschungen, auf kargen Wiesen und an Wegrändern.
Kultur: Der Kleine Wiesenknopf ist anspruchslos, will aber um sich herum Platz haben. Wenn Sie ihn nach der Blüte gleich zurückschneiden, treibt er bald frische Blätter nach.
Ernte: Ab dem Austrieb im Frühjahr, dann wieder nach dem Rückschnitt bis in den Herbst hinein.
Verwendung: Feingewiegt für Salatsaucen oder Kräuterquark. Tipp: Die harte Mittelrippe der gefiederten Blättchen entfernen. Der feine gurkenähnliche Geschmack entfaltet sich gut in der »Frankfurter Grünen Sauce«, für die der Kleine Wiesenknopf eine unentbehrliche Zutat ist.

Arten/Sorten: Großer Wiesenknopf *(Sanguisorba officinalis)* – insgesamt größer, große purpurfarbene Blütenstände; Blätter sind hart und eignen sich nicht zum Würzen.

Rosmarin

(Rosmarinus officinalis)

⬆ bis ca. 120 cm ○ ✿ 1–12 Str

Herkunft: Lippenblütler aus dem Mittelmeerraum.
Kultur: In südlichen Ländern wächst Rosmarin im Freien zu üppigen, breiten Büschen heran. Er verträgt keinen anhaltend tiefen Frost. Überwintern Sie ihn deshalb – in Kübel gepflanzt – am besten im Haus. Einige neue Züchtungen gelten als frosthart bis –20 °C. Bitte im Winter das Gießen nicht vergessen! Aus Stecklingen vermehrter Rosmarin ist wüchsiger und größer als aus Samen vermehrter.
Ernte: Das ganze Jahr über, auch im Winter, die beblätterten Triebe.
Verwendung: Zum Würzen für Braten, für Tomaten- und Gemüsegerichte, als Würzmischung. Auch medizinisch wirksam – belebt, hebt den Blutdruck.

Sorten: 'Rex' – wüchsig, aus Stecklingen vermehrt; 'Arp' – frosthart bis –22 °C; 'Veitshöchheim' – frosthart bis ca. –20 °C; 'Repandus' – kriechender und hängender Wuchs, für Töpfe.

Salbei

(Salvia officinalis)

⬆ bis ca. 100 cm ○ ✿ 5–7 Hs

Herkunft: Lippenblütler aus dem Mittelmeerraum, in Weinbauregionen auch verwildert.
Kultur: Der Gartensalbei verträgt viel Trockenheit und gedeiht auch auf magerem, steinigem Boden. Bei lang andauerndem Frost im Winter mit Fichtenreisig abdecken. Im Frühjahr oder im Hochsommer zurückschneiden.
Ernte: Die Blätter fast das ganze Jahr über, behält auch im Winter die Blätter, wenn es nicht bitterkalt ist. Bester Erntetermin ist vor der Blüte.
Verwendung: Für Heiltee, zum Gurgeln bei Entzündungen im Mund- und Rachenraum, gegen übermäßiges Schwitzen. Spezialität auch in der Küche: für italienische Würzmischungen, zum Anbraten in Olivenöl oder für »Salbeimäusle« (in Pfannkuchenteig ausgebackene Salbeiblätter).

Sorten: 'Berggarten' – großblättrige Sorte, die kaum blüht; 'Tricolor' – dreifarbig, dekorativ; 'Nana' – kleiner (nur ca. 30 cm hoch), kompakter Wuchs; 'Rosea' – intensiv rosa blühend.

Sauerampfer

(Rumex acetosa)

⬆ bis ca. 40 cm ○–◑ ✿ 5–6 ♃

Herkunft: Einheimisches Knöterichgewächs auf nicht so intensiv genutzten Wiesen und an Wegrändern.
Kultur: Sauerampfer mag nahrhaften, feuchten Boden, gedeiht aber auch auf schlechten und trockenen Standorten, bleibt dann aber kleiner. Pflanzen Sie den Sauerampfer an eine vom Haus aus gut erreichbare Stelle. Er ist eines der Basiskräuter für die Kräuterküche. Eine wüchsige Pflanze genügt meistens für einen Haushalt.
Ernte: Junge Blätter laufend ernten. Große Blätter auch zum Mulchen im Gemüsegarten verwenden.
Verwendung: Frisch für Salate und Kräuterquark, unentbehrlich für die »Frankfurter Grüne Sauce«, für Suppe zum Einstreuen vor dem Servieren; nicht zum Trocknen.

Arten/Sorten: 'Profusion' – sehr große Blätter, blüht nicht; Blutampfer *(Rumex sanguineus* var. *sanguineus)* – dekorativ; Römischer Ampfer *(Rumex scutatus)* – kleine schildartige Blätter.

Schnittlauch

(Allium schoenoprasum)

⬆ bis ca. 30 cm ○ ✿ 5–6 ♃

Herkunft: Liliengewächs aus Europa; sehr viele Wildarten und Kreuzungen.
Kultur: Schnittlauch bildet Horste. Es tut ihm gut, wenn Sie die Horste alle paar Jahre teilen und an anderer Stelle neu pflanzen. Lässt sich auch für die Treiberei im Winter nutzen. Damit laufend geerntet werden kann, brauchen Sie einige Stöcke. Nach der Blüte zurückschneiden, dann treiben die Stöcke neu aus.
Ernte: Einen ganzen Büschel Schnittlauchröhrchen mit einer Hand packen und mit der anderen Hand abschneiden.
Verwendung: Köstlich schmeckt der erste Schnittlauch des Jahres einfach so aufs Butterbrot gestreut. Auch zu hart gekochten Eiern, zu Salat, zu Kräuterquark, zu Spargel …

Arten/Sorten: 'Profusion' – bildet keine Samen; 'Grolau' – für Treiberei im Winter; Winterheckezwiebel *(Allium fistulosum)* – wie großer Schnittlauch, aufgeblähte Röhrchen.

Thymian, Gartenthymian

(Thymus vulgaris)

⬆ bis ca. 30 cm ○ ✿ 6–8 Hs

Herkunft: Lippenblütler aus dem Mittelmeerraum, schon lange in mitteleuropäischen Gärten zu Hause.
Kultur: Der Gartenthymian wächst als niedriges Sträuchlein und gedeiht nur gut an sonnigen, warmen Plätzen. Auf durchlässigem Boden wächst er besser als auf schwerem Boden.
Ernte: Zum Würzen das blühende Kraut den Sommer über. Bleibt meist auch im Winter grün. Nehmen Sie zum Ernten die Gartenschere!
Verwendung: Unentbehrlich zum Würzen von Rinderbraten oder Lammbraten, für italienische Würzmischungen. Traditionell auch als sehr wirksamer Teeaufguss bei Husten und Erkältungskrankheiten.

Arten/Sorten: 'Compactus' – Zwerg-Thymian; Zitronen-Thymian *(Thymus × citriodorus)* – zitroniger Geschmack, für Tee; Quendel *(Thymus serpyllum)* – einheimische Art, niedrig.

Ysop

(Hyssopus officinalis subsp. *officinalis)*

⬆ bis ca. 90 cm ○ ✿ 7–8 Hs

Herkunft: Lippenblütler, alte Bauerngartenpflanze, die sich an warmen Plätzen gelegentlich selbst aussät.
Kultur: Eine Pflanze genügt. Der Ysop gedeiht am besten auf einem kalkhaltigen, durchlässigen Boden. Er lässt sich durch Aussaat, Teilung oder Stecklinge vermehren. Gute Bienenweidepflanze.
Ernte: Je nach Verwendungszweck: Blätter während der ganzen Vegetationszeit; Blütentriebe im Juli und August.
Verwendung: Der Ysop ist ein vielseitiges Kraut. Die Blätter und Blatttriebe eignen sich zum Würzen von pikanten Gerichten. Das blühende Kraut, frisch oder getrocknet als Teeaufguss zubereitet, hilft bei Husten. Die aufrechten Triebe machen sich gut in Gewürzsträußchen.

Arten/Sorten: 'Rosea' – rosa blühend; 'Alba' – weiß blühend; Zwerg-Ysop *(Hyssopus officinalis* subsp. *aristatus)* – niedriger, kompakter Wuchs, eignet sich für Hecken.

Zitronenmelisse

(Melissa citriodora)

⬆ bis ca. 1 m ○–◑ ✿ 7–8 ♃

Herkunft: Lippenblütler, heimisch im Mittelmeerraum, in Mitteleuropa verwildert.
Kultur: Die Zitronenmelisse mag einen humosen, nährstoffreichen, leicht feuchten Boden. Sie lässt sich leicht durch Aussaat oder durch Teilen vermehren. Wenn sie zum Blühen kommen darf, sät sie sich selbst aus und kann dann sogar ein wenig lästig werden. Gute Bienenweide! Nach dem Rückschnitt im Sommer treibt die Staude im Herbst wieder frische Blatttriebe aus.
Ernte: Die Blätter und beblätterten Triebe vom Frühjahr bis zum Frosteintritt. Nach dem Rückschnitt treibt die Pflanze im Spätsommer wieder kräftig aus. Blätter frisch verwenden. Beim Trocknen verlieren sie ihren Duft und Geschmack.
Verwendung: Für erfrischenden und gleichzeitig beruhigenden Tee. Zum Dekorieren, für Salate und Desserts.

Sorten: 'Citronella' – sehr reich an ätherischem Öl; 'Variegata' – gelbbunte (panaschierte) Form (s. Foto); 'Aurea' – Blätter färben sich im späten Frühjahr golden.

Zitronenverbene, Verveine

(Aloysia citriodora)

⬆ bis ca. 2 m ○ Str

Herkunft: Eisenkrautgewächs aus subtropischen Gebieten in Mittel- und Südamerika.
Kultur: Die Zitronenverbene ist zwar ausdauernd, aber hierzulande nicht frosthart. Man kultiviert sie deshalb als Kübelpflanze oder pflanzt im Sommer ins Gartenbeet, wo sich der Stock kräftig entwickelt. Im Herbst wird die Pflanze wieder ausgegraben, eingetopft und ins Haus zum Überwintern gestellt. Die Zitronenverbene lässt sich auch als Stämmchen ziehen.
Ernte: Beblätterte Triebe kann man während des ganzen Jahres ernten. Blätter lassen sich gut trocknen.
Verwendung: Der Aufguss aus den frischen oder getrockneten Blättern und Trieben ergibt einen vorzüglichen, zitronig schmeckenden Tee.

Arten/Sorten: Die Zitronenverbene wird gelegentlich verwechselt mit dem Eisenkraut *(Verbena officinalis)* – einheimische Wildpflanze mit anderem Aussehen und anderen Inhaltsstoffen.

Apfelbeere

(Aronia melanocarpa)

⬆ 2–3 m ○–◑ ✿ 5-6 Str

Herkunft: Die Apfelbeere stammt aus dem östlichen Nordamerika.
Kultur: Der Strauch ist sehr frosthart und robust. Er gedeiht am besten auf saurem, leicht feuchtem Boden. Pflanzung im Abstand von 3 auf 1,5 m.
Schnitt: Nicht nötig.
Ernte: Im August/September reifen die violettschwarzen, wachsartig bereiften Beeren, die innen rotfleischig sind. Bei der Ernte muss man den Vögeln zuvorkommen.
Verwendung: Die herben Beeren lassen sich am besten durch Entsaften verwerten und zu Gelee, Saft oder Likör weiterverarbeiten. Auch für Dessertkreationen mit Joghurt oder Quark. Die Früchte enthalten viel Anthocyan und färben sehr stark.

Sorten: 'Nero' – große Dolden, gängige Sorte; 'Viking' – großfrüchtig. Im Handel sind wurzelechte Sträucher und Veredlungen auf Ebereschen-Unterlage, die wüchsiger sind. Selbstfruchtbar.

Brombeere

(Rubus-Sorten)

⬆ bis ca. 8 m ✿ 5–8 Hs Kl

Herkunft: Einheimisches, sehr formenreiches Wildgehölz; stachellose Züchtungen für den Garten.
Kultur: Brombeeren sind robuste, pflegeleichte Pflanzen, lediglich die Brombeermilbe macht manchmal Probleme. Für frostempfindliche Sorten wie 'Theodor Reimers' einen geschützten Standort wählen. Pflanzabstand an einem Rankgerüst je nach Sorte 2–4 m.
Schnitt: Ständiges Einkürzen der Achseltriebe nötig. Rückschnitt nach der Ernte, aber Triebe als Winterschutz im Strauch lassen.
Ernte: Vollreif im August/September ernten. Schmecken am besten sonnenwarm frisch vom Strauch.
Verwendung: Als Kuchenbelag, für Desserts, für Marmelade und zum Einfrieren.

Sorten: 'Theodor Reimers' – bestachelt, sehr aromatische, süße Früchte; 'Jumbo' – stachellos, Früchte sehr groß; 'Loch Ness' – stachellos, beste Sorte; 'Navaho' – stachellos, robust.

Erdbeere

(Fragaria × ananassa)

⬆ bis ca. 30 cm ○ ✿ 5–6 ♃

Herkunft: Die Garten-Erdbeere entstand um 1750 in Holland durch die Kreuzung einer südamerikanischen Erdbeerart *(Fragaria chiloensis)* mit einer nordamerikanischen Art *(Fragaria virginiana)*. Eine Besonderheit ist die Erdbeerwiese, eine Kreuzung aus der Wald-Erdbeere *(Fragaria vesca* var. *vesca)* mit der Garten-Erdbeere. Ihre vielen Ausläufer bilden eine dichte Decke. Sie kann acht Jahre und länger auf dem Beet stehen bleiben. Beliebtes Naschobst ist die Kultur-Wald-Erdbeere oder Monatserdbeere *(Fragaria vesca* var. *hortensis)*.

Kultur: Im Juli/August pflanzen, getopfte Pflanzen auch später und im Frühjahr, dann bringen sie aber keinen vollen Ertrag. Pflanzabstand in der Reihe 25–35 cm, von Reihe zu Reihe 60–90 cm. Kulturdauer: zwei bis drei Jahre. Erdbeeren brauchen während der Blütezeit und bei der Ausbildung der Früchte viel Wasser. Eine Mulchdecke aus Stroh oder Mulchvlies sorgt für einen ausgeglichenen Wasserhaushalt. Vor der Ernte Stroh oder Holzwolle unter die Pflanzen legen, um sie vor hoch spritzender Erde zu schützen und dem Befall mit Grauschimmel vorzubeugen.

Vermehrung: Erdbeeren bilden oberirdisch Ausläufer, die sich bewurzeln. Diejenigen, die am nächsten an der Mutterpflanze erscheinen, nimmt man direkt oder getopft als Jungpflanzen.

Ernte: Je nach Sorte von Ende Mai bis September, Haupternte im Juni. Monatserdbeeren und neue Züchtungen der Garten-Erdbeere tragen fortwährend bis zum Herbst. Mit dem Kelch pflücken.

Verwendung: Am besten frisch für Desserts mit Sahne oder Sauermilch, als Kuchenbelag, zum Einfrieren, für Marmelade (Beeren im Kochtopf mit der Hand quetschen!).

Sorten: Frühe bis mittelfrühe Sorten: 'Fraroma', resistent gegen Wurzelpilze; 'Honeoye', 'Korona', 'Marianna', 'Mieze Nova', selbstfruchtbar; 'Thulana', 'Senga Sengana', 'Stugarta-perfect'. Mittelspät bis spät: 'Florence', 'Mieze Schindler', braucht Befruchtersorte; 'Simida', 'Thubella', 'Thuchampion', 'Thuchief', 'Thuriga'. Monatserdbeeren: 'Alexandria'; 'Evita', 'Mara des Bois', 'Seascape'. Erdbeerwiese: 'Florika', 'Gento'. Hänge-Erdbeeren/Kletter-Erdbeeren: 'Hummi'; 'Mountainstar'.

Feige

(Ficus carica)

⬆ bis ca. 3 (–10) m ○ ✿ 5–8 Str B

Herkunft: Der Feigenbaum ist eine der ältesten Kulturpflanzen. Neue Züchtungen sind selbstfruchtbar.
Kultur: In geschützten Lagen im Weinbauklima ist Freilandkultur möglich, da der Feigenbaum Temperaturen von –12 bis –15 °C verträgt. Zum Schutz vor tieferen Frösten mit Schilfmatten oder Jute abdecken. Günstiger ist der Anbau im Gewächshaus oder in Kübeln. Stellen Sie diese zum Überwintern an einen kühlen Platz im Haus.
Schnitt: Nur Auslichten von abgestorbenem Holz.
Ernte: In unserem Klima zwei Reifeperioden im August und ab Anfang Oktober.
Verwendung: Frische Feigen sind ein Hochgenuss. Probieren Sie auch einmal Marmelade daraus zuzubereiten.

Sorten: Bayernfeige 'Violetta' – frosthart bis –20 °C; 'Nordland Bergfeige'; 'Contessina' – violettfarben; 'Goldfeige' – gelbe Früchte, trägt im Juli und im Oktober.

Heidelbeere, Kultur-Heidelbeere

(Vaccinium corymbosum)

⬆ bis ca. 2 m ○–◑ ✿ 5 Hs/Str

Herkunft: Die Kultur-Heidelbeere ist ein dekorativer Strauch mit hübschen Blüten und interessanter Blattfärbung im Herbst. Großfrüchtige Zuchtsorten aus Nordamerika. Die einheimische Wald-Heidelbeere ist eine andere Art *(Vaccinium myrtillus)*.
Kultur: Kultur-Heidelbeeren brauchen sauren Boden. Pflanzen Sie sie deshalb unbedingt in ein saures Substrat – eine spezielle Moorbeeterde, die auch für Rhododendren geeignet ist. Am besten mit speziellem Heidelbeer-Dünger düngen. Frosthart; bei Topfkultur darauf achten, dass der Wurzelballen im Winter nicht durchfriert.
Schnitt: Am besten frei wachsen lassen.
Ernte: Erntezeit im Juli/August.
Verwendung: Frisch, für Desserts, für Kuchen, Pfannkuchen, Heidelbeerwein.

Arten/Sorten: 'Bluecrop' – bis 2 m hoch; 'Top Hat' – nur 30–40 cm hoch; 'Sunshine Blue' – bis 1,20 m hoch, immergrün. Wald-Heidelbeere, Blaubeere *(Vaccinium myrtillus)* – niedrig.

Himbeere

(Rubus idaeus)

bis ca. 1,5–3 m ○–◑ ✿ 4–8 Str

Herkunft: Einheimische Wildpflanze, wächst auf Waldschlägen. Zuchtsorten tragen viel größere und aromatischere Früchte als die Wildform. Neuere Züchtungen sind widerstandsfähig gegen Wurzel- und Rutenkrankheiten.
Kultur: Himbeeren in Reihen pflanzen, Pflanzabstand in der Reihe ca. 40 cm, von Reihe zu Reihe 2–2,5 m. Sie benötigen ein Stützgerüst – entweder aus weitmaschigem Drahtgeflecht oder aus Holzpflöcken mit waagerecht gespannten Drähten oder einem Bandgewebe.
Vor allem brauchen Himbeeren während der Blütezeit und Fruchtausbildung viel Wasser, deshalb unbedingt in Trockenzeiten gießen. Bei Himbeeren ist eine Mulchdecke aus Rasenschnitt, Laub, Stroh oder halb verrottetem Kompost besonders wichtig, so hält sich der Boden gleichmäßig feucht. Den Boden nur flach bearbeiten. In manchen Jahren frisst der Himbeerkäfer an Blättern, Blüten Knospen und unreifen Früchten. Er legt seine Eier an den Blüten ab. Die gelblichen Larven (= Maden) ernähren sich von Fruchtfleisch.

Schnitt: Zu lange Ruten einkürzen, ganz schwache Ruten während der Vegetationszeit bodennah abschneiden. Normale Himbeeren nach der Ernte kräftig auslichten, sodass noch etwa 10 Ruten pro laufendem Meter stehen. Herbst-Himbeeren nach der Ernte bis auf den Boden zurückschneiden.
Ernte: Ernten, solange die Früchte noch fest sind, ab Ende Juni. Herbsthimbeeren reifen ab August, manche Sorten bis zum Frosteintritt. Überreife Früchte verlieren an Aroma. Himbeeren schnell verbrauchen.
Verwendung: Gut für Fruchtsaucen, rote Grütze, Marmelade, als Kuchenbelag, zum Eingefrieren, für Likör, zum Einlegen in Essig.

Sorten: 'Black Jevel' – schwarze Früchte; 'Glen Ample' – stachellos; 'Meeker'; 'Niniane' – resistent gegen Wurzelsterben; 'Fallgold' – gelbe Früchte im Juli und September; 'Rubaca'; 'Rusilva'; 'Tula Magic' – sehr frühe Reife ab Mitte Juni; 'Tulameen'; 'Willamette'; Herbst-Himbeeren: 'Aroma-Queen'; 'Autumn Bliss'; 'Himbo-Top' – Riesenfrüchte; 'Golden Bliss' – gelbe Früchte; 'Polka' – große Früchte.

Johannisbeere, Ribisel

(Ribes rubrum var. *domesticum, Ribes nigrum)*

⬆ bis ca. 2 m ○ ✿ 3–4 Str

Herkunft: Die Kultur-Johannisbeeren sind aus wild wachsenden Arten gezüchtet. Rote und Weiße Johannisbeeren gehören zur selben Pflanzenart *(Ribes rubrum* var. *domesticum)*, während schwarze Johannisbeeren eine eigene Art darstellen *(Ribes nigrum)* Baumschulen bieten Johannisbeeren als Busch, als Hochstämmchen und in Säulenform an.
Kultur: Pflanzen Sie Johannisbeeren möglichst in weitem Abstand von etwa 1,5 m. Hochstämmchen an einen stabilen Pfahl binden, der bis in die Krone reicht. Johannisbeer-Hochstämmchen sehen am Rand des Gemüsegartens gut aus, mit Kräutern oder Sommerblumen zu Füßen. Der Boden um die Sträucher sollte mit einer Mulchschicht bedeckt sein. Johannisbeeren lassen sich sogar in großen Kübeln kultivieren und bereichern so den Balkongarten.
Schnitt: Ältere, abgetragene Triebe im Spätwinter bodennah abschneiden, sodass der Strauch 8–12 starke Äste hat. Schwache Triebe herausnehmen. Man kann auch schon nach der Ernte auslichten.

Ernte: Rote Johannisbeeren ab Mitte Juni, je nach Sorte gestaffelte Reifezeit. Schwarze Johannisbeeren Juli/August. Eventuell mehrmals durchpflücken, wenn nicht alle Beeren gleichzeitig reif sind.
Verwendung: Die säuerlichen Beeren der Roten Johannisbeeren eignen sich hervorragend zum Kuchenbacken, für Marmelade, sind gut zum Einfrieren und Entsaften, für Saft und Gelee.
Die etwas herben, würzigen Beeren der Schwarzen Johannisbeeren schmecken frisch, als Kuchenbelag, für Marmelade, für Wein und Likör (Spezialität: Cassis-Likör).

Sorten: Rote und Weiße Johannisbeeren: 'Telake' – früh, kein Verrieseln; 'Rolan' – mittelfrüh; 'Rovada' – bis 20 cm lange Fruchttrauben, spät; 'Rosalinn' – süße Beeren mit rosa Schimmer; 'Weiße Versailler' – goldgelbe Früchte. Schwarze Johannisbeeren: 'Bona' – sehr große Beeren, sehr früh; 'Ometa' – starker Wuchs, robust; 'Titania' (s. Foto); 'Fertödi' – früh; 'Kristin' – früh.

Jostabeere

(Ribes × nidigrolaria)

⬆ bis ca. 2 m ○ ✿ 3–4 Str

Herkunft: Die Jostabeere ist eine stachellose Kreuzung aus Schwarzer Johannisbeere und Oregon-Stachelbeere. Die Beeren liegen in der Fruchtgröße zwischen denen der Ausgangsarten und sind dunkel gefärbt.
Kultur: Die Sträucher wachsen mehr in die Breite als in die Höhe und brauchen deshalb einen weiten Pflanzabstand von 2–3 m. Jostabeeren sind für eine Düngung mit Kompost dankbar.
Schnitt: Alte, abgetragene Triebe im Spätwinter bodennah herausschneiden. Wenn nötig auslichten.
Ernte: Vollreife Beeren im Juli. Da die Beeren nicht gleichzeitig reifen, mehrmals durchpflücken.
Verwendung: Hervorragend als Kuchenbelag, für Marmelade, zum Einfrieren.

Sorten: 'Jogranda', 'Jostine' und 'Jonova' – Sträucher mit jeweils etwas schwächerem Wuchs als die eigentliche Art. Gelegentlich werden Jostabeeren auch als Hochstämmchen angeboten.

Kiwi, Mini-Kiwi

(Actinidia deliciosa und *A. arguta)*

⬆ bis ca. 8 m ○–◑ ✿ 5–6 Str Kl

Herkunft: *A. deliciosa* mit großen Blättern und behaarten Früchten (kleines Foto); *A. arguta* mit kleinen Blättern und unbehaarten, stachelbeerartigen Früchten (großes Foto); beide stammen aus China. Zweihäusiges Gehölz mit weiblichen und männlichen Pflanzen.
Kultur: Die Schlingpflanze braucht ein Klettergerüst. *A. deliciosa* nur für Weinbauklima geeignet; Arguta-Kiwis gedeihen auch in raueren Gegenden. Mit Kiwipflanzen kann man Hausfassaden und Pergolen begrünen.
Schnitt: Nur Rückschnitt überstehender Triebe, eventuell die wüchsigen männlichen Triebe kräftig einkürzen.
Ernte: Ernte im Oktober/November; die Vitamin-C-reichen Früchte lassen sich einige Monate lang lagern.
Verwendung: Kiwi schmeckt am besten frisch oder im Obstsalat, dekorativ auch als Kuchenbelag oder für Marmelade.

Sorten: Deliciosa-Kiwis: 'Green Light'; 'Hayward' (weiblich); 'Matua' (männlich); Arguta-Kiwis: 'Weiki', grün und violett – frosthart bis ca. –20 °C; 'Issai', 'Jenny' – selbstbefruchtend.

Kornelkirsche

(Cornus mas)

⬆ bis ca. 6 m ○–◑ ✿ 2–3 Str B

Herkunft: Einheimisches Wildgehölz.
Kultur: Der anspruchslose Strauch oder kleine Baum kann als Solitär stehen oder in eine Wildstrauchhecke eingebunden sein. Er eignet sich auch für die Kultur in großen Kübeln.
Schnitt: Sehr schnittverträglich, lässt sich zu Hochstamm-Bäumchen oder zu kugeligen Sträuchern ziehen, auch frei wachsend.
Ernte: Ernte im September/Oktober, die Früchte müssen dunkelrot sein, dann löst sich das Fruchtfleisch gut vom Stein.
Verwendung: Sehr gut als Konfitüre, für Saftbereitung. Die Früchte kann man auch mit Wasser aufkochen und dann das Fruchtfleisch passieren.

Sorten: 'Jolico' – große Früchte; 'Cornella' – kirschgroße Früchte, 3–4 m hoch; 'Titus'; 'Devin'. Kultursorten brauchen eine Befruchtersorte, entweder die Wildart oder eine spezielle Auslese.

Preiselbeere

(Vaccinium vitis-idaea)

⬆ bis ca. 20 (30) cm ○ ✿ 5–7 Hs

Herkunft: Die immergrünen Preiselbeeren wachsen wild auf Moorböden. Kultur-Preiselbeeren = Cranberry *(Vaccinium macrocarpon)* sind eine nordamerikanische Pflanzenart.
Kultur: Preiselbeeren brauchen unbedingt einen sauren Boden und können auf solchen Standorten als Bodendecker gepflanzt werden (Pflanzabstand 30 cm).
Schnitt: Nicht nötig.
Ernte: September/Oktober. Die Früchte halten sich durch ihren hohen Gehalt an Benzoesäure lange.
Verwendung: Für Marmelade (unentbehrlich zu Wildgerichten!), für Pfannkuchen, zu Saft, zum Einfrieren und zum Trocknen. Die säuerlich-herben Beeren wirken appetitanregend und steigern die Abwehrkräfte.

Sorten: 'Early Black' – Kultur-Preiselbeere, großfrüchtig, dunkelrot, breitflächiger Wuchs; 'Koralle' – zwei Ernten im Jahr (s. Foto); 'Red Pearl' – aufrechter Wuchs.

Sanddorn

(Hippophae rhamnoides)

⬆ bis ca. 6 m ○ ✿ 3–5 Str

Herkunft: Sanddornsträucher wachsen in Mitteleuropa wild an Fluss- und Seeufern und in Küstenregionen. Das graugrün belaubte Gehölz ist zweihäusig, es gibt also männliche und weibliche Pflanzen.

Kultur: Schön in Wildstrauchhecken. Sanddorn gedeiht gut auf durchlässigen, sandigen Böden, bildet Wurzelausläufer. Im Wurzelraum Symbiose mit Knöllchenbakterien, sammelt Stickstoff aus der Luft.

Schnitt: Bei der Ernte auslichten.

Ernte: Ernte im Spätherbst/Anfang Winter. Am besten die dornigen Zweige abschneiden und die Beeren im Haus bequem abpflücken.

Verwendung: Die Vitamin-C-reichen Früchte eignen sich für Kompott, als Saft und zum Eingefrieren.

Sorten: 'Leikora' – sehr große, walzenförmige Früchte; 'Pollmix' – männliche Befruchtersorte für mehrere weibliche Pflanzen, trägt allerdings keine Früchte.

Stachelbeere

(Ribes uva-crispa var. *sativum)*

⬆ bis ca. 1,5 m ○–◑ ✿ 3–5 Str

Herkunft: Einheimisches Wildgehölz. Wird als Strauch, als Hochstämmchen und in Säulenform angeboten. Neue Sorten wählen, die widerstandsfähig gegen den Amerikanischen Stachelbeermehltau sind.

Kultur: Stachelbeeren gedeihen noch an leicht beschatteten Plätzen. Sie wollen einen nahrhaften, kalkhaltigen Boden. Hochstämmchen mit stabilen Pfählen stützen.

Schnitt: Strauch im Spätwinter kräftig auslichten; unbedingt alle Triebspitzen abschneiden, weil hier der gefürchtete Stachelbeermehltau überwintert. Zum Schneiden der bedornten Ästchen Handschuhe anziehen.

Ernte: Vollreif ernten. Haupterntezeit ist von Mitte Juni bis Juli.

Verwendung: Eine Delikatesse als Marmelade, als Kuchenbelag, als Saft.

Sorten: 'Remarka' – dunkelrot; 'Rokula' – rotfrüchtig, robust; 'Invicta' – gelb; 'Hinnonmäki' – gelb- und rotfrüchtig; 'Pax' – fast stachellos; 'Spinefree' – stachellos, rotfrüchtig.

Weinrebe

(Vitis vinifera)

⬆ je nach Sorte bis ca. 8 m ○ ✿ 5–7 Str Kl

Herkunft: Ursprünglich europäische Wildreben. Durch die Einschleppung der Reblaus aus Amerika Mitte des 19. Jahrhunderts wurde die europäische Rebe stark dezimiert – eine Katastrophe für den Weinbau hierzulande.
Die Lösung brachte die Veredlung der europäischen Reben auf gegen die Reblaus resistente amerikanische Unterlagen. Für den Hausgarten eignen sich besonders so genannte »Hausreben« – Züchtungen, die sehr widerstandsfähig gegen Pilzkrankheiten sind.
Kultur: Außerhalb der Weinbaugebiete den Weinreben einen geschützten Platz am Haus oder vor einer Mauer geben. Weinreben brauchen ein Spalier oder ein Stützgerüst als Unterlage (Pflanzabstand bei einem Wandspalier 3–5 m). Die Triebe wüchsiger Sorten lassen sich auch waagerecht ziehen, zum Beispiel entlang einem Balkon oder an Weinlauben. Ein Weinstock gedeiht auch in einem großen Kübel auf dem Balkon. Weinreben wachsen am besten in kalkhaltigem Boden und sind für Kompostgaben im Herbst dankbar. Eine Mulchdecke tut ihnen ebenfalls gut. Vögel fallen gelegentlich über die Trauben her, auch Wespen schaden in manchen Jahren.
Schnitt: Wichtig sind die Laubarbeiten. Am Ende des Winters die Triebe auf zwei Augen einkürzen; während des Wachstums im Sommer die Achseltriebe abschneiden und Trauben tragende Triebe auf zwei Blätter oberhalb des Fruchtansatzes einkürzen.
Ernte: Je nach Sorte reifen die Trauben von August bis September/Oktober.
Verwendung: Am besten frisch essen. Auch gut als Kuchenbelag, zum Entsaften, für Gelee oder zur Weinbereitung.

Sorten: Blaue Trauben: 'Boskoops Glorie' – reift sehr früh im August; 'Muscat Bleu', 'Regent', 'Venus', 'Nero' – fast schwarze Beeren, sehr winterhart. Weiße Trauben: 'Lilla' – frosthartes Holz; 'Phoenix' (s. Foto rechts), 'Zala Gyöngye', 'New York', 'Lakemont' – kernlos. Roséfarbene Trauben: 'Suffolk Red' – kernlos, sehr schöne Farbe, 'Vanessa' – sehr große, kernlose Beeren.

Besondere Obstarten

Maibeere, Lenzbeere (s. Foto oben)
(Lonicera kamtschatica)

Wie der Name besagt, reift die Maibeere bereits im Mai. Sie wächst ähnlich wie die Kultur-Heidelbeere und wird etwa 1–1,5 m hoch. Sie eignet sich auch für die Kultur im Kübel. Anders als Heidelbeeren braucht sie keinen sauren Boden. Außerdem ist sie entprechend ihrer Herkunft extrem frosthart, bis –45 °C. Zur besseren Befruchtung am besten mehrere Sorten pflanzen: 'Maistar', 'Mailon' und 'Amur'.

Taybeere
(Kreuzung aus Himbeere und Brombeere)

Diese nach dem schottischen Fluss Tay benannte Beerenart kam 1962 auf den Markt. Die Pflanze bildet ähnlich wie die Brombeere etwa 4 m lange Ranken aus. Die Triebe sind fein bestachelt. Die ab Juli reifenden Beeren ähneln Himbeeren. Sie sind allerdings größer und länglicher als diese, außerdem schmecken sie sauer.

Japanische Weinbeere (s. Foto unten)
(Rubus phoenicolasius)

Ein attraktives Obststräuchlein mit hübschen, rosafarbenen Blüten und sehr großen himbeerartigen Früchten. Wächst ähnlich wie Brombeere, ist aber nur fein bestachelt. Fruchttragende Hecken lassen sich damit anlegen. Kommt gut mit einem halbschattigen Platz zurecht.

Schisandra, Vitalbeere
(Schisandra chinensis)

Diese ausdauernde Pflanze mit auffallenden roten Früchten schlingt etwa 3 m hoch. In China gelten die roten Beeren als Allheilmittel bei allerhand Beschwerden. Sie werden roh gegessen oder zu Saft verarbeitet.

Apfel

(Malus domestica)

⬆ je nach Unterlage bis ca. 5 m ○ ✿ 4–5 B

Erziehungsformen/Wuchs: Neben den Hochstamm-Apfelbäumen für den Streuobstbau und für größere Gärten und neben Niederstämmen, Buschbäumen und Spindeln sind seit einiger Zeit Säulenbäumchen im Handel, die sich auch für die Kultur im Kübel (ca. 25–30 l) eignen. Ihr großer Vorteil ist, dass sie kaum Seitentriebe bilden und deshalb so gut wie gar nicht beschnitten werden müssen.

Kultur: In den ersten Standjahren öfter wässern, die Baumscheibe dünn mulchen. Achten Sie auf Schädlinge und Krankheiten. Meistens finden sich Nützlinge als Gegenspieler der Schädlinge ein. Sinnvoll ist das Anlegen von Leimringen gegen den Frostspanner im Herbst.

Schnitt: Rückschnitt am Ende des Winters je nach gewünschter Erziehungsform zu einer Pyramidenkrone, einer Hohlkrone, einer Spindel oder einem Spalier.

Ernte: Je nach Standort und Sorte reifen Äpfel von August bis Oktober. Wählen Sie die Sorten nach Geschmack, Genussreife und Lagerfähigkeit aus. Weitere Gesichtspunkte bei der Sortenwahl sind die Frostresistenz und die Widerstandsfähigkeit gegen Krankheiten.

Äpfel in einem kühlen Kellerraum in Holzkästen oder auf Holzregalen lagern, für gute Belüftung sorgen. Kartoffeln sollten nicht im gleichen Raum gelagert werden. Faule Äpfel regelmäßig aussortieren.

Verwendung: Es gibt kein anderes Obst, das so vielseitig wie der Apfel ist. Äpfel kann man fast das ganze Jahr über frisch essen. Beliebt sind sie zum Kuchenbacken, für Apfelmus, zum Pressen für Saft oder zur Mostbereitung, zum Trocknen.

Sorten: Frühsorten: 'Alkane'; 'Discovery'; 'Klarapfel'; 'Piros'; Herbstsorten: 'James Grieve'; 'Rubinette'; 'Spartan. Wintersorten: 'Cox Orange'; 'Pilot'; 'Pinova'; 'Rewena' (s. Foto rechts); 'Topaz'. Säulenäpfel: »Ballerina«-Serie: 'Bolero'; 'Polka'; 'Waltz'; neue, gegen Krankheiten sehr widerstandsfähige Generation: 'Pomfit'; 'Red River'; 'Spurkoop'.

Aprikose, Marille

(Prunus armeniaca)

↑ je nach Unterlage bis ca. 4 m ○ ✿ 3–4 B

Seit einiger Zeit sind die **alten Apfelsorten** wieder sehr gefragt. Sie haben ihren Platz in großen Hausgärten oder auf Streuobstwiesen. Es sind oft Lokalsorten, die an den jeweiligen Standort angepasst sind. Die Variationsbreite bei den Wuchsformen und bei den Fruchteigenschaften ist sehr groß. In der Regel werden die Bäume sehr groß. Es gibt feine Tafeläpfel und so genannte Wirtschaftssorten, die sich eher zum Verwerten für Mus, zum Kuchenbacken oder zum Mosten eignen. Wichtig für die Sortenwahl ist auch die Lagerfähigkeit.

Sorten: 'Ananasrenette' (s. Foto) – früher Spitzensorte, seit 1820 im Rheinland verbreitet, lagerfähig bis Februar; 'Bohnapfel' – seit Ende des 18. Jahrhunderts im Rheinland angebaut, Lagersorte, auch für schlechte Lagen 'Goldparmäne' – in Frankreich vor 1700 bekannt, sehr guter Tafelapfel, mittelstarker Wuchs; 'Jakob Fischer' – gut für Mus und zum Kuchenbacken, nicht lange lagerfähig, wird schnell mehlig, starkwüchsig; 'Kaiser Wilhelm' – als Sämling 1864 gefunden, Tafelsorte, lagerfähig, robust, starker Wuchs; 'Rote Sternrenette' – ab 1830 am Niederrhein, schöne Form und Fruchtzeichnung („Weihnachtsapfel"), mittelstarker Wuchs; 'Winterrambur' – große Früchte, gut lagerfähig, breit ausladender Wuchs.

Erziehungsformen/Wuchs: Veredelte kleine Bäumchen (Busch) oder Spindel für ein Wandspalier. Stammt aus Westasien.

Kultur: Im Frühjahr pflanzen. Die Aprikose ist empfindlich gegen Frost zur Blütezeit und fruchtet einigermaßen sicher nur im Weinbauklima. Am besten als Spalierobst unter einem Dachvorsprung anbauen. Dann das Gießen nicht vergessen.

Schnitt: Im Sommer nach der Ernte auslichten. Die Schnittstelle mit einem Wundmittel behandeln.

Ernte: Je nach Sorte Juli/August.

Verwendung: Eine Köstlichkeit frisch vom Baum gegessen. Auch gut zum Eindünsten und Dörren. Für Marillenknödel und andere Süßspeisen.

Sorten: 'Hargrand' – sehr große Früchte; 'Kuresia' – resistent gegen das Scharka-Virus; 'Nancy-Aprikose' – längliche, goldgelbe Früchte; 'Ungarische Beste' – anpassungsfähig an Standort.

Birnbaum

(Pyrus communis)

⬆ je nach Unterlage und Sorte bis ca. 10 m ○ ✿ 4–5 B

Erziehungsformen/Wuchs: Mostbirnen sind imposante Gestalten in der Landschaft, die für den Hausgarten viel zu groß werden. Außerdem sind ihre Früchte nicht genießbar; Sie eignen sich nur zum Mosten. Wählen Sie für den Hausgarten Speise-Birnen in den Erziehungsformen Buschbaum, Spindel oder Säule, die nicht so hoch werden. (Sie sind jeweils auf schwach wachsenden Unterlagen veredelt.) Im Handel sind sogar Duo-Birnbäume mit zwei Sorten. Hübsch sieht ein Birnenspalier aus; dafür muss an einer warmen Südwand Platz sein.

Kultur: Birnen stellen höhere Ansprüche an den Boden als Äpfel. Sie brauchen einen tiefgründigen Boden, damit ihre Pfahlwurzel gut ins Erdreich eindringen kann. Auf Sandboden gedeihen sie nicht so gut. Dafür sind sie nicht ganz so anfällig für Krankheiten wie Äpfel; gefährlich kann der Feuerbrand werden. Am meisten verunstaltet der Birnengitterrost die Blätter. In manchen Jahren fallen Wespen über die süßen Früchte her.

Schnitt: Rückschnitt am Ende des Winters. Am Spalier laufend Wasserschosse entfernen.

Ernte: Je nach Standort und Sorte reifen Birnen von August bis Oktober. Birnen sind – bis auf wenige Sorten – nur kurze Zeit lagerfähig.

Verwendung: Am besten schmecken Birnen frisch; sie eignen sich auch gut zum Kuchenbacken, zum Eindünsten, zum Entsaften, zum Dörren und zum Mosten.

Arten/Sorten: 'Clapps Liebling' – sehr früh reifend; 'Williams Christ' – für geschützte Lagen. Spätherbstsorten: 'Conference'; 'Gute Luise'; 'Harrow Sweet' – widerstandsfähig gegen Feuerbrand; Lagersorten: 'Alexander Lucas', 'Gräfin von Paris'. Säulenbirne: 'Concorde' – 2–3,5 m hoch, selbstbefruchtend. Nashi-Birne *(Pyrus pyrifolia)* – apfelähnlich (s. Foto rechts).

Holunder

(Sambucus nigra)

⬆ bis ca. 6 m ○–◑ ✿ 6–7 Str B

Erziehungsformen/Wuchs: Der schnellwüchsige Holunder wächst als Strauch oder kleiner Baum, ist gut formbar.
Kultur: Kommt oft wild auf und entwickelt sich auf nährstoffreichen Böden am besten. In Hausgärten fühlt er sich zum Beispiel in der Nähe des Komposthaufens sehr wohl. Er braucht keine besondere Pflege. Amseln fallen manchmal über die reifen Früchte her.
Schnitt: Fast beliebig zu beschneiden, brüchiges Holz.
Ernte: Blüten im Mai/Juni; Früchte im August/September.
Verwendung: Holunderblüten für Sirup, Sekt, Gelee, zum Ausbacken in Fett, zum Trocknen für Tee; reife Holunderbeeren für Saft, Marmelade, Likör.

Sorten: 'Haschberg' – Beeren reifen gleichmäßig, werden weniger als die der Wildform von den Vögeln gefressen; 'Guincho Purple' – dekorative purpurne Blätter.

Mispel

(Mespilus germanica)

⬆ bis ca. 5 m ○–◑ ✿ 4–5 Str B

Erziehungsformen/Wuchs: Baumschulen bieten dieses alte Gehölz, das schon im Mittelalter kultiviert wurde, als Busch oder als Baum auf Nieder-, Halb- und Hochstamm an. Schöner Baum, der sich auch für kleinere Gärten eignet.
Kultur: Der Baum ist sehr anspruchslos. Sieht zur Blütezeit im Mai/Juni mit großen, quittenähnlichen Blüten dekorativ aus.
Schnitt: Muss kaum geschnitten werden.
Ernte: Lassen Sie die rundlichen braunen Früchte bis nach dem ersten Frost hängen. Sie sind erst genießbar, wenn sie teigig sind. Der Frost lässt sich auch durch Einlegen in die Gefriertruhe simulieren.
Verwendung: Für Kompott, Desserts.

Sorten: Veredelte Sorten sind dornenlos und großfruchtig; sie tragen bereits nach 4–6 Jahren. 'Nottingham', 'Holländische Großfruchtige', 'Macrocarpa', 'Bredase Reus', 'Westerland'.

Pfirsich, Nektarine

(Prunus persica)

bis ca. 5 m ○ ✿ 3–4 B

Erziehungsformen/Wuchs: Als frei wachsender kleiner Baum und als Spindel für ein Wandspalier. Auch Sämlinge.
Kultur: Im Frühjahr pflanzen. Pfirsichbäume brauchen sehr viel Wärme. Der beste Platz ist vor einer Südwand. Achten Sie darauf, dass die Bäumchen während der Vegetationszeit viel Wasser bekommen, sonst bilden sich die Früchte schlecht aus.
Schnitt: Gleich nach der Ernte auslichten; spät tragende Sorten erst im Frühjahr.
Ernte: Bei reich tragenden Bäumen den Fruchtansatz ausdünnen, eventuell Äste stützen. Reifezeit je nach Sorte Juli bis September.
Verwendung: Zum frisch Essen, zum Eindünsten, als Kuchenbelag, für Desserts.

Sorten: 'Red Haven' – gelbfleischig; 'Revita' – widerstandsfähig gegen die Kräuselkrankheit; 'Roter Ellerstädter' – gedeiht auch an ungünstigen Plätzen; 'Weinbergpfirsich' – rotfleischig.

Pflaume, Mirabelle, Reneklode

(Prunus domestica)

je nach Unterlage bis ca. 8 m ○ ✿ 3–5 B

Erziehungsformen/Wuchs: In Baumschulen als Spindeln, Halb- und Hochstämme. Frei wachsende Bäume. Manche Sorten wie die 'Große grüne Reneklode' können sehr groß werden. Eventuell kann man mehrere Sorten auf einen Baum pfropfen.
Kultur: Im Herbst pflanzen. Pflaumen gedeihen am besten auf humosem, feuchtem Boden.
Schnitt: Zu dicht stehende und verkahlte Äste entfernen. Jungtriebe auf die Hälfte einkürzen.
Ernte: Bei zu starkem Fruchtbehang ausdünnen. Eventuell Äste abstützen. Je nach Sorte sind die Früchte Ende Juli bis Anfang September reif.
Verwendung: Zum frisch Essen, für Marmelade, für Kompott, zum Eindünsten und Entsaften. Zum Einfrieren eignen sich Pflaumen nicht.

Sorten: 'Ruth Gerstetter' – frühestreifende Pflaume; 'Berudge'; 'Graf Althanns Reneklode' – hellviolette Frucht; 'Mirabelle von Nancy'; 'Reneklode d'Oullins' – große, gelbgrüne Früchte.

Quitte

(Cydonia oblonga)

⬆ bis ca. 5 m ○ ✿ 5 B oder Str

Erziehungsformen/Wuchs: Ursprünglich aus dem Kaukasus und Nordiran. Die Quitte wächst als Busch oder kleiner Baum auf niedrigem Stamm und eignet sich deshalb auch für kleinere Gärten.
Kultur: Die Quitte ist ausgesprochen anspruchslos.
Schnitt: In den Anfangsjahren ist kein Schnitt nötig. Wird das Gehölz im Alter zu groß, kann man problemlos im Frühjahr auslichten.
Ernte: Früchte vor dem Frost im Oktober/November ernten; sie sind in einem kühlen Keller oder einer Garage einige Monate lagerfähig.
Verwendung: Die beste Verwertung ist das Entsaften der Früchte in einem Dampfentsafter und Weiterverarbeiten zu Gelee, Quittenmus und Quittenbrot.

Sorten: 'Cydora Robusta' – resistent gegen Feuerbrand. Birnenförmige: 'Bereczki'; 'Portugiesische'; 'Vranja'. Apfelförmige: 'Konstantinopeler' – Holz unempfindlich gegen Frost.

Sauerkirsche

(Prunus cerasus)

⬆ bis ca. 5 m ○ ✿ 4–5 B oder Str

Erziehungsformen/Wuchs: Wird veredelt als kleiner Baum mit verschiedenen Stammhöhen, als Spindelbaum oder als Säulenform angeboten. Triebe hängen oft peitschenförmig herunter.
Kultur: Sauerkirschen sind nicht so anspruchsvoll an den Boden und ans Klima wie Süßkirschen und bringen regelmäßig guten Ertrag. Ältere Sorten sind anfällig für die Moniliakrankheit.
Schnitt: Bei Sauerkirschen bilden sich die Früchte am einjährigen Holz. Abgetragene Äste kann man deshalb ohne Bedenken nach der Ernte abschneiden.
Ernte: Ernte Juni bis Anfang Juli.
Verwendung: Zum Eindünsten, Einfrieren, Entsaften, für Rumtopf. Traditionell für Schwarzwälder Kirschtorte.

Sorten: 'Karneol' – reift vor 'Schattenmorelle'; 'Morellenfeuer' – süßkirschenähnlicher Geschmack; 'Schattenmorelle'; Zwerg-Schattenmorelle 'Kobold' – nur 2 m hoch.

Süßkirsche

(Prunus avium)

⬆ je nach Unterlage bis ca. 10 m ○ ✿ 4–5 B

Erziehungsformen/Wuchs: Baumschulen bieten veredelte Bäumchen und Büsche an oder Säulenformen, die sich auch für die Kultur in großen Kübeln eignen. Bitte beachten Sie, dass Süßkirschenbäume sehr groß werden können. Für kleine Gärten unbedingt kleine, auf schwachwüchsigen Unterlagen veredelte Wuchsformen nehmen.

Kultur: Süßkirschen wachsen auf allen einigermaßen tiefgründigen und humosen Böden. In guten Jahren bringen Süßkirschen überreiche Ernte, vorausgesetzt, es steht eine gute Befruchtersorte in der Nähe; in schlechten Jahren mit Spätfrost während der Blütezeit, mit Hagelschlag oder Regen während der Reifezeit gibt's kaum Kirschen.

Die Maden der Kirschfruchtfliege machen die Früchte manchmal ungenießbar. Zur Vorbeugung hängt man Kirschfruchtfliegenfallen in die Bäume. Amseln fallen oft scharenweise in Bäume ein und plündern die Kirschen bzw. picken sie an. Eventuell muss man die Bäume mit einem Netz schützen.

Schnitt: Süßkirschen wachsen bereits in den Anfangsjahren stark und brauchen kaum geschnitten zu werden. Wenn Äste stören, gleich nach der Ernte zurückschneiden.

Ernte: Je nach Sorte und Standort ab Ende Mai (im Rheintal) bis Mitte Juli. Baumschulen geben die Reifezeit in so genannten »Kirschwochen« an. Kirschen möglichst mit Stiel pflücken. Die Früchte halten sich in einem kühlen Lagerraum oder im Kühlschrank bis etwa eine 1 Woche lang

Verwendung: Herzkirschen mit weichem Fruchtfleisch eignen sich gut zum Kuchenbacken, auch gut für Rumtopf; Knorpelkirschen mit festem Fruchtfleisch sind besser zum Eindünsten und zum frisch Essen.

Sorten: Früh: 'Burlat' – Herzkirsche. Mittelfrüh: 'Büttners Rote Knorpel' – alte, robuste Sorte; 'Sam' – gedeiht auch in kühlen, regenreichen Gebieten; 'Sunburst' – selbstfruchtbar. Spät: 'Hedelfinger' – anpassungsfähig; 'Kordia' – platzfeste Früchte; 'Lapins' – selbstfruchtbar, kompakter Wuchs; 'Regina' – sehr spät, platzfeste Früchte. Säulenform: 'Sylvia'.

Zwetschge, Zwetsche

(Prunus domestica)

⬆ je nach Unterlage bis ca. 8 m ○ ✿ 4 B

Erziehungsformen/Wuch: Wächst als kleiner Baum; neuerdings Säulenformen, zum Beispiel die spät reifende Sorte 'Geisenheimer Top' oder die Scharka-resistente Sorte 'Anja'.

Kultur: Zwetschgenbäume sind nicht ganz so anspruchsvoll wie Pflaumen und Renekloden; manche Sorten sind spätfrostempfindlich. Dann setzen die Bäume keine oder nur wenige Früchte an. Günstig sind warme Plätze. Die Hauszwetschge treibt reichlich Wurzelausläufer, die man ständig entfernen muss. Auffällig sind die »Narrentaschen«, missgestaltete Früchte, die in den Müll gehören. In manchen Jahren starker Befall durch den Pflaumenwickler (»Würmchen« in der Frucht).

Schnitt: Zwetschgenbäume brauchen wenig Schnitt. Bei älteren Bäumchen zu dicht stehende Äste herausschneiden, immer bis auf einen Ast, der nach außen weist. Triebe lassen sich auf nach außen stehende Knospen einkürzen.

Ernte: Je nach Sorte reifen Zwetschgen ab Ende Juli bis Mitte September. In manchen Jahren biegen sich die Äste unter der Last der Früchte bis zum Boden und brechen sogar ab. Pflücken Sie sie, wenn sie vollreif sind, dann lösen sich die Stiele leicht von den Ästen. Vollreife Zwetschgen lassen sich gut vom Baum schütteln.

Verwendung: Zwetschgen lösen sich – anders als Pflaumen – gut vom Stein. Zum frisch Essen, für Fruchtmus als Kuchenbelag, hervorragend zum Einfrieren (hierfür aufschneiden und entsteinen), als Marmelade, zum Trocknen als Dörrobst, zum Schnapsbrennen, zum Einlegen in Alkohol (»Rumtopf«).

Sorten: 'Katinka' – früh reifend, Scharka-tolerant; 'Bühler Frühzwetschge' – auch für höhere Lagen; 'Hanita' – trägt sicher, Scharkatolerant; 'Haganta' – Früchte größer als ein Ei; 'Hauszwetschge' – bewährte Standardsorte; 'Geisenheimer Top' – Säulenform; 'Anja' – Säulenform, resistent gegen Scharka-Virus. Siehe auch unter Pflaume (Seite 134).

Adressen, die Ihnen weiterhelfen

Gartenausstattung, Gartengeräte

Manufactum
Hiberniastr. 5
45731 Waltrop
Tel.: 0 23 09/93 90 50
www.manufactum.de

Manfred Estermeier
Ulbering
84384 Wittibrent
Tel.: 0 85 74/2 90
www.estast.de
(Hochbeete aus Holz)

Gartenfrosch
Kosok-Pokorny & Lang
GbR
Bierweg 1a
86492 Egling a.d. Paar
Tel.: 0 82 06/96 11 88
www.gartenfrosch.com
(Hochbeete, Frühbeete aus Holz)

Gartenbedarf-Versand
Richard Ward
Günztalstraße 22
87733 Markt Rettenbach
Tel.: 0 83 92/16 46
www.gartenbedarf-versand.de

Ing. G. Beckmann KG
Simoniusstr. 10
88239 Wangen/Allgäu
Tel.: 0 75 22/97 45-0
www.beckmann-kg.de

Gardena
89070 Ulm
Tel.: 07 31/4 90-123
www.gardena.de

Düngung und Pflanzenschutz

W. Neudorff GmbH KG
Postfach 1209
31857 Emmerthal
Tel.: 0 51 55/62 4-0
www.neudorff.de

Oscorna-Dünger GmbH & Co. KG
Postfach 4267
89032 Ulm
Tel.: 07 31/94 66 40
www.oscorna.de

Wolfgang Nixdorf
Aschhausenstr. 77
97922 Lauda
Tel.: 0 93 43/34 65
www.garten-wn.de

Bezugsquellen für Pflanzen (Gemüse, Kräuter, Obst)

Die hier aufgeführten Baumschulen, Kräutergärtnereien und Samenhändler haben natürlich nicht das ganze Sortiment im Angebot. Sie führen jeweils ihr mehr oder weniger großes Spezialsortiment. Eventuell müssen Sie es bei mehreren Anbietern probieren, bevor sie die gewünschte Sorte finden.

Monika Gehlsen
Zier- und Nutzpflanzen-spezialitäten
Willi-Dolgner-Str. 17
06118 Halle (Saale)
Tel.: 03 45/5 22 64 23
www.monika-gehlsen.de

Vertriebsgesellschaft Quedlinburger Saatgut mbH
Dieselstr. 1
06449 Aschersleben
Tel.: 0 34 73/84 06 66
www.quedlinburger-saatgut.de

Albert Treppens & Co. Samen GmbH
Berliner Str. 84–88
14169 Berlin
Tel.: 0 30/8 11 33 36
www.treppens.de

Rühlemann's Kräuter & Duftpflanzen
Auf dem Berg 2
27367 Horstedt
Tel.: 0 42 88/92 85 58
www.ruehlemanns.de
www.kraeuter-und-duftpflanzen.de

Dreschflegel
In der Aue 31
37213 Witzenhausen
Tel.: 0 55 42/50 27 44
www.dreschflegel-saatgut.de

Gärtner Pötschke
Beuthener Straße 4
41561 Kaarst
Tel.: 0 18 05/86 11 00
www.gaertner-poetschke.de

Flora Frey
Postfach 160147
42621 Solingen
Tel.: 02 12/25 70 -0
www.florafrey.de

Manufactum
Hiberniastr. 5
45731 Waltrop
Tel.: 0 23 09/9 39 00
www.manufactum.de

Bruno Nebelung GmbH
(Kiepenkerl-Saatgut)
48351 Everswinkel
Tel.: 0 25 82/67 00
www.kiepenkerl.com
www.nebelung.de

Sperli GmbH
Freckenhorster Str. 32
48351 Everswinkel
Tel.: 0 25 82/67 09 00
www.sperli.de

Bio-Saatgut
Gaby Krautkrämer
Eulengasse 2
55288 Armsheim
Tel.: 0 67 34/91 55 80
www.bio-saatgut.de

Bingenheimer Saatgut AG
Ökologische Saaten
Kronstr. 24
61209 Echzell-Bingen-heim
Tel.: 0 60 35/18 99-0
www.bingenheimersaatgut.de

Baldur-Gartenversand
Elbingerstraße. 12
64625 Bensheim
Tel.: 0 18 05/10 35-11
www.baldur-garten.de

Otzberg-Kräuter
Burghart Koch
Erich Ollenhauer Str. 87 b
65187 Wiesbaden
Tel.: 06 11/8 12 05 45
www.otzberg-kraeuter.de

Reinhold Hummel GmbH + Co. KG
Erdbeerzüchtung
Köstlinstraße 121
70499 Stuttgart
Tel.: 07 11/86 00 83-12
www.hummel-erdbeeren.de

Hild samen gmbh
Kirchenweinbergstr. 115
71672 Marbach am Neckar
Tel.: 0 71 44/84 73 11
www.hildsamen.de

Baumschule Heckmann
Bühlweg 3
74259 Widdern
Tel.: 0 62 98/92 25-0
www.baumschule-heckmann.de

Samenhaus Müller
Raiffeisenstr. 18
75210 Keltern
Tel.: 0 72 36/13 08 87
www.samenhaus.de

Syringa, Duft- und Würzkräuter
Bernd Dittrich
Bachstraße 7
78247 Hilzingen-Binningen
Tel.: 0 77 39/14 52
www.syringa-samen.de

Baumschule Klaus Ganter KG
Baumstraße 2
79369 Wyhl
Tel.: 0 76 42/10 61
www.obstbau.de

Erdbeerpflanzen Bruno Vöhringer
Nelkenstraße 21
88094 Oberteuringen-Hefigkofen
Tel.: 0 75 46/92 91-0
www.voehringer-gbr.de

Staudengärtnerei Gaissmayer
Jungviehweide 3
D-89257 Illertissen
Tel.: 0 73 03/72 58
www.staudengaissmayer.de

Baumschule Hofmann
Hauptstr. 36
91094 Langensendelbach
Tel.: 0 91 33/46 87
www.baumschule-hofmann.de

Raritätengärtnerei Treml
Eckerstr. 32
93471 Arnbruck
Tel.: 0 99 45/90 51 00
www.pflanzen-treml.de

Baumschule Plattner
Haag 4
94501 Aldersbach
Tel.: 0 85 47/5 88
www.bayernfeige-violetta.de

Gärtnerei Dieter Haas
Obere Leberklinge 26
97877 Wertheim
Tel.: 0 93 42/85 65 80
www.bioland-gaertnerei-haas.de

Wolfgang Nixdorf
Aschhausenerstr. 77
97922 Lauda
Tel.: 0 93 43/6 57 47
www.garten-wn.de

N. L. Chrestensen
Erfurter Samen- und Pflanzenzucht GmbH
Witterdaer Weg 6
99092 Erfurt
Tel.: 03 61/22 45-0
www.gartenversandhaus.de

Niederlande:

Jansen Zaadhandel
Postbus 12
NL 7090 AA Dinxperlo
Tel.: +31 3 15 65 12 35
www.kuerbis.net

Österreich:

ReinSaat
A-3572 St. Leonhard 69
Tel.: +43 (0) 29 87-23 47
www.reinsaat.at

Schweiz:

Wyss Samen und Pflanzen AG
Schachenweg 14 c
CH-4528 Zuchwil-Solothurn
Tel.: +41 (0) 32/6 86 68 68
www.samen.ch

Samen Mauser AG
Industriestr. 24
Postfach
CH-8404 Winterthur
Tel.: +41 (0) 52/2 34 25 25
www.samen-mauser.ch

Häberli Fruchtpflanzen AG
CH-9315 Neukirch-Egnach
Tel.: +41 (0) 71 47 47 08 10
www.haeberli-beeren.ch

Literatur

Brunhilde Bross-Burkhardt: Tomaten, Paprika, Auberginen und Co. BLV Buchverlag, München, 2012

Brunhilde, Bross-Burkhardt: Der private biologische Gartenbau in Süddeutschland seit 1945 – Die Rolle der Pioniere und Veränderungen im Wissenstransfer. Edition Gärten & Geschichte, Langenburg, 2011

Brunhilde Bross-Burkhardt: Bohnen für den Hausgarten. av BUCH, Wien, 2010

Brunhilde Bross-Burkhardt: Wildkräuter und Wildgemüse. Neuer Umschau Buchverlag, Neustadt/Weinstraße, 2. Auflage 2006

Brunhilde Bross-Burkhardt: Bauerngärten in Baden-Württemberg. Silberburg-Verlag, Tübingen, 2002

Gertrud Franck: Gesunder Garten durch Mischkultur. Südwest Verlag München, 8. Auflage 1991

Gerd Großmann/Wolf-Dietmar Wackwitz: Spalier-Obst. Verlag Eugen Ulmer, Stuttgart, 1998

Hermine Hofbauer: Die Verwertung von Obst und Gemüse aus dem Garten. Obst- und Gartenbauverlag, München, 2000

Rainer-Michael Lang: Feine und seltene Gemüse. Verlag Eugen Ulmer, Stuttgart, 1986

Joy Larkom: Der Grünkostgarten. Mosaik Verlag, München, 1986

Wolfgang Kawollek: Das Ulmer Gartenbuch. Verlag Eugen Ulmer, Stuttgart, 2001

Marie-Luise Kreuter: Der Biogarten. BLV Buchverlag, München, 2009

Marie-Luise Kreuter: Kräuter, Kräuter, Kräuter. BLV- Buchverlag, München, 2009

Otto Schmid/Silvia Henggeler: Biologischer Pflanzenschutz im Garten. Verlag Eugen Ulmer, Stuttgart, 9. Auflage 2000

Brigitte Stein: Dekorative Küchengärten. Verlag Eugen Ulmer, Stuttgart, 1999

Stichwortverzeichnis

Seitenzahlen mit * verweisen auf Abbildungen

Bildnachweis

Baumjohann: 58; Borstell: 2/3, 4ur, 6/7, 8, 9, 19r, 21, 26l, 30or, 33l, 74, 78l, 83r, 90r, 101l, 110r, 117l, 117r, 118l, 119l, 125l, 130l, 132l; Bross-Burkhardt: 1, 4ol, 10, 14, 16l, 16r, 17, 18o, 18u, 20r, 23o, 23m, 23u, 24, 25, 29u, 31, 35, 36r, 37, 41, 54, 55m, 61l, 62, 63, 66, 67l, 67r, 68, 69, 72r, 80l, 83l, 89, 90/Einkl., 90r, 94l, 94r, 97r, 99r, 103l, 103r, 105r, 107l, 108l, 108r, 110l, 111l, 111r, 113r, 114r, 116l, 116r, 118r, 128l; Burkhardt: 34, 91r; Eberle: 134l, 131l, 132r, 136r; Eisenreich: 65r; Flora Press/GAP Photos: 55u, 79; Flora Press/Visions: 57; GBA/Noun: 95l; GBA/Wothe: 133l; Kompatscher: 11; Liz Eddison/The Garden Collection: 33r; Mollwo: 136l; Redeleit: 4or, 12/13, 15, 18m, 29o, 55o, 56, 59l, 59r, 60, 72l, 75, 76, 78r, 95r, 102l, 134l, 135l; Reinhard: 4ul, 11o, 20l, 22o, 26r, 27l, 36l, 61r, 64, 70, 71, 77, 90l, 92r, 98l, 98r, 100l, 101r, 104l, 105l, 106l, 106r, 107r, 109r, 112l, 114l, 115l, 119r, 120l, 120/Einkl., 121r, 122l, 122r, 123r, 124r, 126l, 126r, 127r, 129o, 129u, 133r, 137l; Schlüter: 66l; Shutterstock/oliveromg: 52/53; Stein: 22u, 27r, 28, 38/39, 91l, 92l, 93l, 93r, 96l, 97l, 99l, 102r, 104r, 109l, 115r; Strauß: 30l, 86/87, 113l, 120r, 121l, 123l, 125/Einkl., 127l, 128r, 130r, 131r, 134r, 137r; Sulzberger: 19l, 96r, 100r, 112r, 125r, 135r

Grafiken: Sylvia Bespaluk

Über die Autorin

Dr. rer. agr. Brunhilde Bross-Burkhardt arbeitet als Fachjournalistin und Buchautorin mit den Schwerpunkten Botanik und Gartenbau sowie Garten- und Agrargeschichte. Die Naturfreundin will ihr Publikum für die wunderbare Pflanzenwelt mit ihrer Formen- und Farbenvielfalt begeistern. Ihr praxisorientiertes Wissen gibt sie in Vorträgen und bei Exkursionen weiter. Neben unzähligen Artikeln in landwirtschaftlichen und gärtnerischen Fachzeitschriften hat sie etwa zwei Dutzend Bücher über Gemüse, Kräuter und Blumen sowie über garten- und kulturgeschichtliche Themen veröffentlicht.

Weitere Informationen unter www.bross-burkhardt.de

Impressum

Bibliografische Information der Deutschen Nationalbibliothek

Die Deutsche Nationalbibliothek verzeichnet diese Publikation in der Deutschen Nationalbibliografie; detaillierte bibliografische Daten sind im Internet über http://dnb.d-nb.de abrufbar.

Völlig überarbeitete Neuausgabe des Titels »Mein kleiner Küchengarten«

BLV Buchverlag GmbH & Co. KG

80797 München

Umschlaggestaltung: Kochan & Partner, München
Umschlagfotos:
Vorderseite: Corbis/Julian Winslow
Rückseite: links: Reinhard; Mitte: Flora Press/Visions; rechts: Borstell
Layoutkonzeption Innenteil: Kochan & Partner, München

Programmleitung Garten: Dr. Thomas Hagen
Lektorat: Ute Bauer
Herstellung: Angelika Tröger
Satz: Uhl + Massopust, Aalen

Gedruckt auf chlorfrei gebleichtem Papier

Printed in Germany
ISBN 978-3-8354-0905-7

Hinweis
Das vorliegende Buch wurde sorgfältig erarbeitet. Dennoch erfolgen alle Angaben ohne Gewähr. Weder Autoren noch Verlag können für eventuelle Nachteile oder Schäden, die aus den im Buch vorgestellten Informationen resultieren, eine Haftung übernehmen.